NOTRE LIVRE D'OR

HISTOIRE DU COTEAU

depuis son origine jusqu'à nos jours

PERREUX, S^T-VINCENT-DE-BOISSET AILLY, VERNAY, etc.

PAR L'ABBÉ J. PRAJOUX

« *Nous devons cela au lieu de nostre naissance et de nostre demeure . . . . de le rendre le plus honoré et renommé qu'il nous soit possible.* »

HONORÉ D'URFÉ.

ROANNE
IMPRIMERIE TYPOGRAPHIQUE ET LITHOGRAPHIQUE SOUCHIER
RUE DE SULLY, 12

M CD XXIV

HISTOIRE DU COTEAU

depuis son origine jusqu'à nos jours.

NOTRE LIVRE D'OR

HISTOIRE DU COTEAU

depuis son origine
jusqu'à nos jours

PERREUX, St-VINCENT-DE-BOISSET
AILLY, VERNAY, etc.

PAR L'ABBÉ J. PRAJOUX

> « *Nous devons cela au lieu de nostre naissance et de nostre demeure . . . . de le rendre le plus honoré et renommé qu'il nous soit possible.* »
>
> Honoré D'URFÉ.

ROANNE
IMPRIMERIE TYPOGRAPHIQUE ET LITHOGRAPHIQUE SOUCHIER
RUE DE SULLY, 12

M CD XXIV

IMPRIMATUR

Lugduni, die 14 novembris 1923.

✠ JOANNES,
Episc. Had. auxil. Lugd.

INTRODUCTION

La commune avec son cadre de plaines et de collines, « c'est la petite patrie ». Un grand écrivain a dit : « Habiter sur le même sol, s'asseoir au même foyer, aimer et prier au pied des mêmes autels, vivre avec les êtres les plus chers dans une parfaite communauté de souvenirs, d'espérances et d'intérêts, dormir ensemble le sommeil de la tombe, après avoir voyagé sous le même ciel en se donnant la main, c'est la famille, ce jardin du cœur où naissent les fleurs les plus embaumées et où mûrissent les fruits les plus exquis des affections humaines ! » Eh bien, étendez le cercle des affections jusqu'aux limites de la commune, de la paroisse et du pays qui l'encadre et vous aurez la petite patrie.

C'est l'histoire d'une de ces petites patries, de la nôtre, de notre coin de France, que l'auteur présente aujourd'hui à ses concitoyens, sous ce titre : Histoire du Coteau, depuis son origine jusqu'à nos jours ». *Les événements relatés dans ces pages n'ont pas sans doute l'importance des faits de notre histoire nationale, et ne suscitent pas les émotions puissantes que fait naître la lecture de l'histoire de France ; mais pourtant ils ne sont dénués ni de vie, ni d'intérêt, en raison de leur constante relation avec l'histoire de la grande patrie, de leur répercussion sur nos ancêtres et de l'influence qu'ils ont eue sur le développement de notre agglomération. Ces relations entre les faits d'une chronique locale et l'histoire nationale, cette répercussion des événements importants sur tous les coins du pays ont été souvent mises en lumière par des écrivains éminents. Un des maîtres de l'histoire, E. Lavisse l'expliquait un jour aux enfants de son pays natal, il leur disait :*

« Notre patrie ce n'est pas seulement un territoire, c'est une œuvre humaine commencée depuis des siècles que nous continuons, que vous continuerez, le long travail de nos pères depuis les origines, le souvenir de leurs actions et de leurs pensées, les monuments de leur génie, notre langue, notre esprit, notre façon de comprendre la vie. C'est avec la riche beauté de notre terre, avec la clémence de notre ciel, avec la poétique diversité de nos aspects, nos brumes du Nord et nos clartés du Midi, nos superbes montagnes et nos belles plaines, nos mers glauques et notre mer bleue, c'est votre héritage, c'est la patrie, fille de la nature, fille de notre esprit. »

Puis, pour faire toucher du doigt pour ainsi dire à ses jeunes auditeurs comment s'était opérée la fusion des petites patries en une grande, il ajoutait : « Vous avez appris par l'histoire comment nos rois ont composé le royaume de France. Ils ont acquis l'une après l'autre les diverses provinces. Le premier lien entre Picards, Bretons, Gascons, Provençaux, etc., fut d'avoir le même maître. Nos pères devinrent tous des Français, parce qu'ils étaient tous sujets du roi de France, et la première communauté nationale fut la commune obéissance. Aux actions du roi, tout un peuple s'intéressa. Ensemble, nos pères contribuèrent aux entreprises de guerre par leur argent et par leur sang. Une victoire du roi, une défaite du roi réjouissait ou affligeait tout le royaume. L'habitude se prit de ressentir les mêmes émotions aux mêmes moments. Il y eut en France une sensibilité nationale. »

Observons que la pensée de l'historien revêt pour nous toute son importance, puisqu'au XVe siècle nos ancêtres foréziens et habitants du Beaujolais avaient pour seigneur et maître le duc de Bourbon dont les descendants devaient être un jour rois de France. Cette accession au trône se fit précisément à l'époque où naissait à l'endroit où le plus grand chemin du royaume touchait le plus beau fleuve de France, l'agglomération qui devait devenir le Coteau.

L'objet de cet ouvrage ainsi déterminé et circonscrit, observons le conseil d'un vieil écrivain, d'après lequel la préface d'un livre est un « advis préalable » destinée à indiquer le but poursuivi par l'auteur et les moyens employés pour y parvenir.

Le but principal de ce livre est de faire mieux aimer notre petite patrie en la faisant mieux connaître ; mais son ambition ne se borne pas là, l'auteur voudrait qu'il soit aussi une œuvre d'éducation civique et morale, voire même un témoignage de reconnaissance envers ceux qui, dans la dernière guerre, sont morts ou ont souffert pour la grande patrie, protection et sauvegarde de la petite.

Il existe dans les écoles publiques d'un grand nombre de pays, un enseignement spécial destiné à faire connaître aux enfants la géographie et l'histoire du pays qu'ils habitent. Chaque montagne, chaque vallée, chaque maison leur rappelle pour ainsi dire comme un souvenir vivant un événement historique ou un effort personnel. Qui oserait nier l'influence de telles leçons pour faire connaître et aimer le sol natal. Or, cet enseignement n'existe pas chez nous (1) et c'est pour suppléer aux connaissances variées qu'il donne, que cet ouvrage a été écrit. Au reste, ce ne sont pas les enfants seulement, mais tous les habitants d'un pays que son histoire doit intéresser, parce que cette lecture doit apporter à tous avantage et profit.

De plus, l'étude du passé en maintes circonstances explique le présent et donne de précieux enseignements pour

(1) Cependant il convient de constater qu'au moment où l'auteur écrit ces lignes (avril 1923), le Conseil général de la Loire émet le vœu que l'enseignement de l'histoire locale soit organisé dans les écoles primaires.

l'avenir. L'histoire nous apprend en effet que toutes les connaissances et tous les biens dont nous jouissons, ont été acquis, conservés et développés par le labeur incessant, le travail acharné, les efforts continus de ceux qui nous ont précédés sur le sol où nous vivons. Notre devoir est de conserver les conquêtes et les avantages acquis et de les transmettre améliorés et accrus à ceux qui viendront après nous. Chaque génération doit apporter son progrès à l'œuvre commune, chaque citoyen son grain de sable à l'édifice commun, afin qu'aujourd'hui soit meilleur qu'hier et demain meilleur qu'aujourd'hui. Le présent ouvrage doit enfin être une œuvre de justice et de reconnaissance.

Les soldats de la grande guerre ont contribué plus que personne à conserver l'héritage des ancêtres, à augmenter nos connaissances, à assurer notre prospérité et l'avenir de notre civilisation. Or, les noms de nos morts glorieux inscrits déjà sur les murs de notre église, le seront aussi sur un monument élevé en leur honneur ; il n'est pas possible de faire plus. Mais quel monument, quel tableau conservera les noms des grands blessés et des mobilisés cités à l'ordre du jour et rendra justice à la foule anonyme qui par son endurance et son courage a contribué avec les soldats de la grande guerre à remporter la victoire et assurer l'avenir de la France. Tous ont participé au salut commun, tous méritent justice et reconnaissance. Ce livre contiendra donc la liste des morts de la guerre, ainsi que les noms des mobilisés cités à l'ordre du jour et en même temps il sera un hommage à la population de notre ville. C'est assez dire que par simple constatation il sera à la fois une lettre de noblesse, un brevet de courage et un souvenir précieux pour toutes les familles du Coteau.

Tel est le but ; voici le plan. Cet ouvrage est divisé en deux parties : la première esquisse l'histoire du Coteau depuis son origine jusqu'à nos jours ; la seconde fait connaître au lecteur les environs du Coteau : Perreux, Vernay, les châteaux de Chervé, Saint-Vincent, Ailly, etc. L'auteur a ajouté à ces monographies des documents officiels, des mémoires et des fragments de relations de voyages propres à éclairer le lecteur sur l'aspect du pays au temps passé, les causes qui ont contribué à son développement et l'importance du « grand chemin » qui traversait et animait notre localité. Il est superflu d'insister sur la seconde partie, mais il convient de faire observer que la première, consacrée à l'histoire du Coteau a été subdivisée en huit chapitres, dont les quatre premiers suivent l'ordre chronologique, alors que les quatre derniers contiennent les éléments de la monographie de toute commune administrativement récente.

Le livre ainsi présenté est le fruit de longues et patientes recherches dont l'auteur s'est efforcé d'extraire une étude consciencieuse et impartiale : consciencieuse par la valeur et le respect des documents consultés, impartiale, parce que le plus souvent il cède la place aux témoins des faits, ou interprète les documents dans leur sens naturel. C'est pourquoi il ose espérer que tous ses concitoyens feront bon accueil à son travail, parce que tous aiment également la petite patrie et forment pour-elle les mêmes vœux de paix et de prospérité.

ROANNE VERS 1650

LE COTEAU

Le Coteau est situé sur la rive droite de la Loire, à l'endroit où ce fleuve, sortant du massif montagneux qui sépare la plaine du Forez de celle de Roanne, débouche dans la plaine roannaise. Le territoire de la commune du Coteau, couvre une superficie de 489 hectares, 10 ares, resserré entre les communes de Roanne, Commelles-Vernay, Parigny, Saint-Vincent-de-Boisset et Perreux. Ses limites sont tantôt naturelles, tantôt artificielles ; elles sont formées à l'ouest par la Loire, au nord par le fossé qui rappelle l'ancien confluent de Rhins, à l'est par le cours actuel de cette rivière (1) et au sud par une ligne brisée qui suit les allées de St-Vincent et d'Ailly, passe au bas de la côte de Commelles et va de là au ruisseau de Freydière, suit ce ruisseau jusqu'à la route de Varennes, puis le chemin tendant de cette route au lieu dit Boulogne, autrefois la Croix du Port de Varennes.

La commune de Roanne limite celle du Coteau à l'ouest et l'en-

(1) Le Rhins a un cours de 53 kilomètres ; il prend sa source dans les montagnes de Belmont, reçoit le Gand et la Trambouze, passe à Régny, Pradines et Saint-Vincent et se jette dans la Loire, à deux kilomètres environ du Coteau. Son confluent était jadis beaucoup plus rapproché de cette ville et le lit ancien de la rivière, à l'extrémité de la chaussée de Pincourt, sert encore de limite entre cette commune et Roanne.

serre au sud par l'espace compris entre le fleuve et la route de Varennes et au nord par l'île Berthier, c'est-à-dire par le terrain compris entre l'ancien confluent et le lit actuel de la rivière de Rhins.

Outre la Loire et la rivière de Rhins, le territoire du Coteau est arrosé par deux ruisseaux éphémères ; celui de Freydière qui servait jadis de limites aux provinces de Forez et de Beaujolais, ainsi qu'aux paroisses de Roanne et de Commelles (1) et celui dit « le Riot des Plaines » qui limite encore aujourd'hui les paroisses du Coteau et de Parigny (2). A côté de ces ruisselets il y a un bief important, parallèle à la rivière de Rhins, et sur lequel se trouvent établies de nombreuses buanderies.

Le sous-sol du territoire du Coteau est constitué par l'argile qui se rencontre à une profondeur variant entre 3 et 6 mètres. Au-dessus, se trouve une couche épaisse et uniforme de sable, apportée ou formée par les eaux ; c'est ce qui explique pourquoi le sol du Coteau exige, pour être fertilisé, un engrais particulièrement riche et abondant.

Cependant, entre l'argile et le sol, il y a, çà et là, des couches intermédiaires curieuses à étudier.

C'est ainsi qu'aux Plaines, on trouve à une profondeur variable une couche de cailloux roulés, formée de fragments de porphyre rouge et de jaspes jaunes et bruns. Ce banc de pierre arrête les éléments calcaires dissous dans les couches supérieures du terrain, et forme avec eux une sorte de filtre qui ne laisse passer les eaux qu'avec une extrême lenteur.

L'existence de ce lit caillouteux se manifeste de plusieurs manières à la surface du sol (3). D'abord, les arbres aux racines profondes s'étiolent et meurent, parce que, lorsque leurs racines atteignent la couche de pierre, elles ne trouvent plus les sucs nourriciers nécessaires à leur développement ; ensuite l'imperméabilité du sol

---

(1) Les limites des provinces de Forez et de Beaujolais, sur le territoire de Varennes, commune du Coteau, furent l'objet de nombreuses contestations entre les comtes de Forez et les sires de Beaujeu. Des accords furent conclus en 1349, 1450 et 1470, fixant les limites des deux provinces et des paroisses de Roanne et de Commelles. Mais malgré ces accords, ces limites restèrent pratiquement imprécises. — Voyez sur ces contestations et ces accords, les études publiées sur *Le Coteau, autrefois le Coteau-Beaujolais* et *Les Fiefs de Rhins et de Varennes.*

(2) Sur ce point les limites de la commune et de la paroisse ne se confondent pas ; cette anomalie vient de ce que la paroisse fut délimitée dix ans avant l'érection de la commune.

(3) Cette couche imperméable du sous-sol qui varie de profondeur, explique aussi l'existence d'une importante nappe d'eau souterraine formée par l'écoulement liquide du plateau de Commelles et qui s'étend depuis ce plateau jusqu'à Rhins, passant sous le cimetière, le clos Rochard et le quartier de la route de Perreux.

favorise la formation des nombreuses flaques d'eau qui émaillent ce terrain, pendant les saisons pluvieuses. C'est ce qui explique aussi les restes de marécages que l'on retrouve encore, çà et là, aux Plaines, et l'inondation subite du mois d'octobre 1907, qui faillit causer de graves dommages au Coteau. A la suite de pluies persistantes que le sol, déjà saturé d'eau, n'absorbait plus, une énorme masse liquide et boueuse, enflée par le trop plein de l'étang d'Ailly, trouva un écoulement naturel par la grande route qui se trouva changée en un lit de rivière et se déversa sur le Coteau. Pour éviter cette inondation, on s'empressa de détourner les eaux en leur donnant issue de chaque côté de l'avenue de la gare.

On voit par ce qui précède que le Coteau n'est pas bâti sur roche, comme le dit une chanson locale, mais bien sur sable ; et cela est fort heureux, car la plaine unie et sablonneuse favorise bien autrement la création et le développement d'une cité industrielle, que la roche inégale et dure.

Le sol du territoire du Coteau est à une altitude de 270 mètres et les côtes extrêmes ne s'écartent pas de dix mètres de cette moyenne. Le Coteau est donc construit sur un terrain plat et uniforme. Mais alors pourquoi son nom qui rappelle une élévation ou du moins un relief du sol ?

Pour répondre à cette question et justifier la dénomination donnée au Côteau, il faut remonter dans le lointain passé des âges, aux périodes gallo-romaines et médiévales.

A l'époque gallo-romaine, une voie importante, venant de Lyon par Tarare, Saint-Symphorien et l'Hôpital, touchait la Loire sur notre territoire, à Varennes. De ce point élevé, elle descendait sur la rive et traversait le fleuve sur un gué pavé d'énormes pierres, dont on a retrouvé des traces dans la rue Poisson.

L'endroit où la voie romaine abordait le fleuve, porte dans les terriers du moyen âge le nom de *Croix du Port de Varennes* et la place du Creux-Granger et le terrain voisin s'appellent le *Port Vieil.* Cette dernière dénomination indique le lieu où se trouvait le port le plus ancien de Roanne. Or, si de cet endroit, jadis au niveau du fleuve, on regarde les maisons situées sur la rive droite et construites sur la double terrasse des Balmes, elles apparaissent comme édifiées sur une hauteur, un coteau.

Ainsi se justifie le nom de notre localité qui, dans les vieux documents du moyen-âge, s'appelait le *Coteau-Beaujolais* parce qu'elle se trouvait à l'endroit où la province de Beaujolais touchait la Loire.

CHAPITRE PREMIER

La situation du Coteau. — Causes de sa création : la navigation de la Loire sous l'ancien régime et le grand chemin royal de Paris à Lyon. — Les mariniers roannais, leurs qualités et leurs défauts. — Le chemin le plus fréquenté de France. — Voyageurs et marchands sur le grand chemin royal.

Passage de Louis XIII et de son armée en 1630. — Le premier pont sur la Loire. — Passage de Louis XIII et de Richelieu en 1659.

Les dernières années du règne de Louis XIV : la grande misère de 1694, doublement des droits sur la navigation.

Une rébellion sur le port de Roanne en 1709.

Le Coteau doit son existence à sa situation sur la rive droite de la Loire et au passage d'une route très fréquentée que les documents anciens appellent « grand chemin Royal de Paris à Lyon ».

L'importance commerciale de la situation du Coteau apparaît en effet manifestement, si l'on considère que depuis les temps les plus reculés, les marchandises provenant du Levant, de l'Italie et du Midi de la France, à destination des provinces du Nord et de l'Ouest, étaient centralisées à Lyon pour être dirigées de là sur le port de Roanne, où elles étaient embarquées pour Paris ou l'Ouest. Mais la Loire est un fleuve capricieux, et il arrivait fréquemment que ces marchandises restaient plusieurs jours, parfois même des semaines, sur les bords du fleuve, attendant la fin de la sécheresse ou la diminution des hautes eaux. Il se forma ainsi sur la rive droite de la Loire une agglomération éphémère d'abord, puis stable, qui est devenue, l'Ile et le Coteau.

Quelques indications sur les mariniers roannais auxquels était confiée la navigation de la Loire et sur l'intensité de vie du grand Chemin Royal, contribueront à faire mieux connaître l'importance géographique de cette situation.

Voici notamment sur les bateliers roannais, l'opinion d'un auteur forézien qui vivait au commencement du XVIIe sècle, bien placé pour être renseigné. « Roanne est un entrepôt célèbre dans toute l'Europe. C'est le premier port sur la Loire, fleuve qui offre à la navigation un parcours de plus de soixante-dix lieues. Les bois de sapins qui croissent en abondance aux environs de cette ville, servent à construire des bateaux beaucoup plus légers que les autres. Ces bateaux, servis par de bons rameurs, descendent le fleuve avec une telle rapidité, qu'ils semblent voler plutôt que marcher. Souvent les courriers pressés quittent leurs chevaux pour aller plus vite par cette voie » (1).

Cette constatation de l'habileté professionnelle des mariniers roannais, se retrouve fréquemment chez les écrivains et historiographes des XVII° et XVIII° siècles; ils sont unanimes à louer les connaissances, l'expérience et l'énergie des bateliers de la Loire, qui, disent-ils, sont même susceptibles de désintéressement, de fidélité et de dévouement. Cependant, plusieurs d'entre eux laissent entendre que chez « les hommes de Loire », la probité n'était pas toujours à la hauteur de la valeur professionnelle (2).

Quoi qu'il en soit des qualités et des défauts des mariniers roannais, il faut reconnaître que leur vie était active et pénible ; ils vivaient presque constamment sur le fleuve dont la navigation intense était sans cesse alimentée par les voyageurs et les marchandises que « le grand chemin royal » amenait sur ses bords. Rien ne peut aujourd'hui donner une idée de la vie débordante dont cette grande route était le théâtre, alors que des caravanes et de longs convois de chariots lourdement chargés, la sillonnaient en tous sens. Toute la vieille France a défilé sur cette grande route et c'est par milliers, dit M. le chanoine Reure, « qu'il faudrait compter les personnages de marque, jetés sur cette route par la politique, la guerre, l'intérêt, le devoir, le plaisir. Papes, empereurs, rois, princes, grands seigneurs, cardinaux, évêques, légats, ambassadeurs, ministres, généraux, gens de robe. Il n'y a rien que le grand chemin royal n'ait cahoté sur ses fondrières ».

La route faisait vivre et prospérer les villes et villages échelonnés sur son parcours et parfois même, aux bons endroits, donnait nais-

---

(1) Extrait d'un ouvrage publié à Paris en 1618 sous ce titre : *Description de la France par les Fleuves*, par Papire Masson.

(2) Il serait intéressant de citer quelques témoignages anciens ; à défaut de place, voici du moins celui du voyageur Thévenot, qui semble les résumer tous. Celui-ci écrivait vers 1653, au début du règne de Louis XIV :

« Les gens de Roanne ne valent rien, principalement les mariniers, qui vous vendent si vous n'y prenez garde, c'est-à-dire qu'ayant fait marché avec eux et leur ayant tout donné l'argent, car ils veulent tout recevoir sous prétexte d'achepter un basteau, ils vous donnent à conduire à un autre à bon marché, de sorte que, lorsque vous voulez partir croyant d'avoir trois mariniers vous n'en trouvez qu'un que vous n'avez jamais veu, lequel, si vous n'y prenez garde, vous laisse au premier lieu où vous descendez et s'en retourne, c'est pourquoi il fait bon connaître à Roanne, quelqu'un qui vous choisisse vos mariniers et fasse votre marché. »

sance à des agglomérations non dépourvues d'importance. C'est notamment ce qui arriva au Coteau, construit à l'endroit où la route touchait le fleuve « ce grand chemin qui marche » selon la pittoresque expression de nos pères.

Les premiers faits historiques qui forment la chronique de notre localité, mettront en lumière cette constatation, ils auront de plus l'avantage d'établir de nombreuses et étroites relations, entre notre histoire locale et l'histoire de France.

Le Coteau n'apparaît pas dans l'histoire sous d'heureux auspices ; car la première page de ses chroniques raconte des scènes de pillage et d'incendie.

En 1570, après avoir pris Saint-Galmier, où ses troupes séjournèrent du 15 juin au 1er juillet, Coligny se dirigea sur Roanne, dans l'intention de traverser la Loire. Toutefois son approche ayant été signalée, les habitants transportèrent sur la rive gauche les « bachots » amarrés sur l'autre rive. Le chef protestant, irrité, livra aux flammes les masures de la rive droite, pour éclairer son passage et terroriser les habitants de la ville.

Cependant, comme les masures du Coteau étaient peu importantes, et, pour la plupart, construites en pisé et en bois, les habitants eurent bientôt fait de les reconstruire. Mais l'agglomération était à peine reconstituée, qu'elle sembla menacée d'une nouvelle destruction.

Un beau matin de l'année 1575, un ordre signé Mandelot, gouverneur général pour le roi des provinces du Lyonnais, Forez et Beaujolais, parvint aux consuls et habitants de Roanne ; il prescrivait de faire enlever incontinent tous les bachots et toues qui se trouveraient sur la rive droite du fleuve. Cet ordre causa une profonde émotion parmi les habitants du Coteau-Beaujolais et de l'Ile, qui se demandèrent anxieusement si leurs maisons allaient de nouveau être livrées aux flammes.

Or, voici exactement ce qui se passait :

Dans le courant de cette même année 1575, le prince de Condé, qui tenait pour les protestants, ayant levé un corps de reitres (soldats allemands), avait manifesté l'intention de traverser la Loire au Coteau pour se rendre en Languedoc.

Aussitôt qu'il avait eu connaissance de cette nouvelle, le roi Henri III avait écrit au gouverneur de Lyon, pour lui mander de « faire oster et retirer tous les basteaux qui se trouveraient sur la rive droite de la Loire, et d'enjoindre aux paysans de la région de porter leurs vivres, munitions et fourrages, dans les villes fortifiées et les châteaux forts du voisinage. »

Bien qu'il n'eût aucune confiance dans l'efficacité des mesures ordonnées par le roi, Mandelot s'empressa de faire exécuter les ordres de son seigneur et maître. Cela fait, croyant cependant nécessaire de dire, à ce sujet, le fond de sa pensée, il prit sa bonne plume et écrivit en substance à Henri III : « L'enlèvement des bateaux de la rive droite est une mesure inutile, car il sera facile de trouver, en aval de Roanne, des bateaux pour traverser le fleuve ; j'ai appris d'ailleurs qu'il y avait, non loin de cette ville, plusieurs bons gués. »

Passant ensuite aux ordres donnés aux paysans de la région, il ajoutait : « Il n'est pas possible de faire retirer les vivres des paysans dans les forts, car on leur a fait entendre que, où cette armée trouve les maisons vides, elle les brûle, et chacun craint de perdre la sienne. »

C'était l'exécution des ordres donnés par Mandelot aux consuls et habitants de Roanne, qui avait excité une si vive émotion au Coteau et dans l'Ile. Hâtons-nous d'ajouter que, cette fois-ci du moins, nos compatriotes en furent quittes pour la peur.

Ces alarmes et les désordres que causaient les gens de guerre, se renouvelèrent plusieurs fois encore aux jours troublés de la Ligue, particulièrement entre les années 1592 et 1595. Dans la suite, l'administration prudente d'Henri IV, puis la prévoyance de Sully, enfin l'autorité de Richelieu, achevèrent de rendre au pays l'ordre et la paix.

Pendant tout le cours du dix-septième siècle, notre chronique locale n'a guère à enregistrer que le passage, sur notre territoire, de nombre de personnages célèbres du temps. Mais ce sont là des menus faits, dont les années et les changements survenus dans les idées et les mœurs, ont singulièrement diminué l'importance. Cependant nos lecteurs nous sauront gré de leur raconter brièvement le passage de Louis XIII et de Richelieu, qui traversèrent en hâte notre localité, au cours d'événements importants.

Le 1er septembre 1632, Louis XIII, accompagné d'une armée de vingt mille hommes, traversa la ville de Roanne et sans s'arrêter « à cause de la maladie contagieuse, qui lors ravageait cette ville » se rendit incontinent à Parigny et logea dans une pauvre auberge, située au bas du village, en bordure du grand chemin royal de Paris à Lyon.

Le transbordement des vingt mille hommes de troupe et de plus de « quatre-vingts charrettes, chargées de mesches et de balles à mousquets » dut être particulièrement long et laborieux, car à cette époque un simple bac assurait le passage de la Loire (1). Aussi, n'est-il pas surprenant de voir, l'année suivante le grand voyer de France,

---

(1) On lit dans les mémoires laissés par le curé du Donjon : « Loys treiziesme, notre roy de France et la royne sa femme, ont faict leur entrée en la ville de Molins en Borbonnois le 29 aoust 1632, et le 30, de Varenne sont venus coucher à la Palisse et de là sont allés à Rouanne et à Lion. On dict que notre roy a bien vingt mille hommes à sa suite. Il a bien passé quatre-vingts charrettes chargées de mesches et de balles à mousquets par le Donjon avec plusieurs compagnies de gardes qui ont logé par les paroisses autour. Le tout allait à Lion afin de poursuivre Monsieur qui a faict une armée en Languedoc..... »

faire commencer la construction du premier pont de Roanne. Ce pont se divisait en deux parties. La première qui reliait la ville à l'île, était située à l'extrémité de la rue des Minimes et abordait en face, près d'un logis où pendait pour enseigne l'image de saint Nicolas. La seconde partie qui réunissait l'île au Coteau, abordait cette localité, non loin de l'endroit où commence actuellement la rue de Pincourt, appelée dans les anciens terriers « vieux chemins de Charlieu. »

Dix ans après, le 14 février 1642, Louis XIII se rendant à Lyon traversa de nouveau notre pays. Le roi n'éprouva pas cette fois les difficultés qui marquèrent son premier passage en Roannais ; car il put loger à Roanne, à l'hôtel de Saint-Germain, situé quai de la Galère, aujourd'hui quai du Bassin (1), et traverser la Loire sur un pont de bois, construit aux frais et dépens du seigneur du lieu, dont les biens avaient été mis sous séquestre.

Le roi fut suivi peu de jours après par le cardinal de Richelieu qui, disent les mémoires du temps, « fatiguant les relais, et brûlant les étapes » se rendit en toute hâte à Lyon, où il rejoignit le roi le 19 février (1642).

Sept mois après, au retour de l'expédition, le tout-puissant ministre suivit la même route dans une situation bien différente.

En effet, étant gravement malade, il remonta le Rhône en bateau et arriva à Lyon le 6 septembre 1642. Comme il ne pouvait quitter le lit « à cause de ses incommodités et de ses souffrances, on fut obligé de rompre les portes et les fenêtres de l'abbaye d'Ainay, où il logea, pour y pouvoir introduire la machine dans laquelle il était transporté... »

Le cardinal séjourna plusieurs semaines à Lyon, puis il quitta cette ville pour gagner Roanne, où il devait s'embarquer sur la Loire. Pour ce trajet, on construisit une litière qui, portée sur les épaules robustes de ses gardes, lui permit d'effectuer sans danger, mais non sans souffrances, la traversée des montagnes de Tarare (2). Le cardinal mourut à Paris le 4 décembre suivant.

---

(1) Louis XIII partit de Saint-Germain-en-Laye le 27 janvier, il s'achemina sur Montargis, puis sur Briare. Là, il s'embarqua sur la Loire et remonta le fleuve à petites journées jusqu'à Roanne où il arriva le 14 février. Il séjourna à Roanne le 14 et le 15 et en partit le 16 au matin pour aller coucher à Tarare. Le 17 au soir, il se présenta à la porte de Vaise à Lyon où il fut reçu et complimenté par le sieur Mascrany, prévôt des marchands.

(2) Un voyageur resté anonyme et qui parcourut le même chemin en sens inverse vers 1640, parle en ces termes de cette partie de la route : de Saint-Symphorien à Tarare « ce ne sont que montagnes, rochers ou précipices, vous portez la tête dans les nues et néanmoins vous avez les pieds sur les bords des enfers ; mais il faut marcher sur les épines pour cueillir les roses de Lyon. Mais, devant que d'y

Au milieu de janvier 1659, Louis XIV traversa aussi notre pays en se rendant de Lyon à Paris. Les détails de son passage sont consignés dans une curieuse relation, écrite par le sieur F. Marcenais, alors curé de Parigny. Cette relation mérite d'être citée in-extenso, en raison de l'intérêt qu'elle présente non seulement pour l'histoire locale, mais aussi pour l'histoire de France, toujours attentive à signaler les déplacements du roi et de la cour, ainsi que les faits et gestes du monarque et des personnes de son entourage (1).

« A la plus grande gloire de Dieu, et pour mémoire perpétuelle, je subsigné François Marcenais, curé de l'église paroissiale Sainte-Marie-Magdeleine de Parigny en Beaujollois, diocèse de Lyon, certifie et atteste, qu'en l'année dernière, mil six cents cinquante-huit, Louis quatorzième par la grâce de Dieu, roy de France et de Navarre, partant de la ville de Paris avec Madame Anne d'Autriche, reyne régente, sa très-chère et très-honorée mère, M. le duc d'Anjou, son frère unique, Son Altesse Mademoiselle de Montpensier, Monseigneur le cardinal Mazarin, M. le Chancellier et plusieurs autres grands de la cour pour venir en la ville de Lion, prit son chemin par la Bourgogne, et fit quelques jours de séjour en la ville de Dijon; et environ la fin du moys de décembre, fit sa première et triomphante entrée dans ladite ville de Lion, où, quelques jours après, Leurs Altesses de Savoye, savoir Monseigneur le duc de Savoye son cousin, avec Madame Royale la mère, et tante de Ladite Majesté, et Mademoiselle de Savoye, arriva et fust reçu en triomphe par Leursdites Majestés ; et après quelques jours de séjour, s'en retourna par le même chemin en ses états de Savoye ; et Leurs Majestés très-chrétiennes partirent de ladite ville de Lion, le treizième jour du moys de janvier de l'année 1659, prirent collation dans cette dite paroisse de Parigny, sans sortir de leur carrosse, laquelle fut préparée par les cuisiniers de Leursdites Majestés, dans la maison des héritiers de Bernard S., dit Laforge, située sur le grand chemin, lieu appelé le Bas-de-Rhins; dans laquelle maison habite présentement Georges Treffont, dit Viendy, hotte dudit lieu, icelle collation de diné fust portée dans la terre du seigneur d'Ailly, joignant ladite maison, où Leursdites Majestés arrivèrent ledit jour quinzième de janvier, environ l'heure de midy, dans leur carrosse, où le Roy, la Reyne, M. le duc d'Anjou, Mademoiselle de Montpensier, la Manchiny, niepce du cardinal Mazarin et Madame la comtesse de Noaille, estaient et prirent collation dans ledit carrosse, à la veüe de tout le peuple, et par une bonté et douceur extraordinaire, me firent l'honneur de me permettre d'ap-

---

venir il faut passer la haulte montagne de Tarare qui faict une partie des montagnes d'Auvergne, sur laquelle se commettent bien souvent des voleries... »

(1) Cette relation a été publiée par J. Guillien, dans son remarquable ouvrage *Roanne et le Roannais*, p. 201.

procher de leur carrosse ; et après leur avoir fait un petit discours en forme d'harangue, me firent plusieurs interrogats, et permirent que j'eusse l'honneur de les entretenir plus d'une heure et demye qu'ils demeurèrent arrestés avec toute la cour. Rencontre du tout imprévue et inopinée, et après que la Reyne se fust informé de toutes les particularités, soit de ma paroisse ou autres, me donnat de sa propre main du pain qu'elle mangeait, avec trois demyes pistoles d'or, avec ces mêmes termes : « Monsieur le Curé, voilà du pain que la Reyne vous donne, et cela pour les pauvres malades de votre paroisse, que vous distribuerez selon votre discretion. » Et après plusieurs interrogats à moi faicts par le Roy, du nom et à qui appartenait ma paroisse, de quelle province elle estait, et par plusieurs fois me remettait entre les mains des plats et des assiettes ; quoi après, mit la main en sa poche, et me fist don de sa propre main de quatre loys d'or valant onze livres pesant, avec *ses* paroles : « Monsieur le Curé, priez Dieu pour moy » ; et après leur avoir fait un remerciement en meilleurs termes qu'il me fust possible, sans préméditation, que Leurs Majestés trouvèrent et témoignèrent avoir pour agréables ; et après plusieurs autres paroles tant du Roy, de la Reyne que des autres estant dans le carrosse, le Roy sortit d'icelui pour s'en aller chauffer en ladite maison ; où après avoir demeuré quelques temps, réentra dans le carrosse, après avoir visité une grande partie des carrosses de sa cour ; et à leur départ la Reyne me dit : « Adieu Monsieur le Curé ; » et le Roy : « Priez Dieu pour moi. » Le dix-septième janvier suivant, M. le cardinal Mazarin passat avec M. le mareschal de Villeroy, Monseigneur l'Archevêque de Lion, son frère, lieutenant pour le Roy au gouvernement de Lion, sondit frère estant gouverneur ; et le lendemain, fust tué un des pages de Son Eminence, prince allemand, nommé Dantelot, en la maison du sieur Cozon, par le fils de la femme, nommé Mousin. Monseigneur le Chancellier *passat* le vingt et un ; et n'ont faict qu'une couchée à Roanne, à la relevée de Monseigneur le cardinal, qui séjourna, qui prist l'eau avec M. le chancellier. Le Roy et la Reyne s'en allèrent par terre, par le Bourbonnais, pour se rendre à Paris. Prince le mieux faict et la meilleure mine *d'hot* de son royaume ; faisant sa 22ᵉ année de son age, lequel je supplie la divine Bonté vouloir conserver et toute la maison royale et vouloir soulager son pauvre peuple, oppressé au dernier poinct. Et tout ce que dessus je certifie contenir la vérité, que j'ai creu estre obligé de concter par escript, en mémoire de tant de faveurs et bienfaicts rendus de Leurs Majestés; et pour la satisfaction de plusieurs personnes qui ont estées témoings oculaires de tout ce que dessus, tant ecclesiastiques qu'autres ; et le tout fidèlement observé et escript, les jours cy devant marqués ; et pour plus grande assurance j'ai signé de ma propre main.

« Signé : F. Marcenais, *curé de Parigny.* »

Telle est la relation du curé de Parigny, elle ne se contente pas de nous mettre sous les yeux le tableau d'une collation royale prise dans un carrosse, sur le bord d'un grand chemin ; elle nous fait connaître encore l'entourage du roi et les nobles personnages qui, deux jours après, suivirent le même chemin. Cette relation nous apprend même un de ces faits divers si fréquents au cours des voyages des grands personnages de l'ancien régime à savoir : l'assassinat d'un page de Mazarin, « par le fils de la femme, nommé Mousin. »

Ce crime, « commis en la maison du sieur Coson », est resté mystérieux, mais on en devine facilement le mobile, étant donné la personnalité de la victime qui « était prince allemand ».

Au cours des trente années qui suivirent (1660-1690) les plus belles et les plus glorieuses de notre histoire, un grand nombre de personnages célèbres et de voyageurs illustres, traversèrent notre localité.

Quelques-uns d'entre eux ont consigné leurs souvenirs de voyage, mais aucun ne nous donne des renseignements précis ou intéressants, sur l'obscure bourgade qu'était alors le Coteau Beaujolais. Les mémoires et documents officiels ne nous éclairent pas davantage sur les dernières années du dix-septième siècle et les premières du dix-huitième. Il est certain cependant que pendant ces années, nos ancêtres furent très malheureux. En 1697, le curé de Roanne écrivait que depuis trois ans, il avait perdu « le tiers de ses paroissiens », par suite de la guerre et de la misère (1). La guerre prit fin, mais ce fut pour recommencer bientôt, aggravée cette fois par les maladies contagieuses et la famine (2). Le « grand chemin royal » de Paris à Lyon par Roanne, fut alors presque complètement abandonné, les voyageurs lui préférant la grande route de Bourgogne, de création récente et mieux entretenue et les marchands ne fréquentant plus le port de Roanne, en raison du « doublement des droits de navigation » qui rendait le commerce impossible (3). Fort heureusement le réveil de l'industrie qui se manifesta au milieu du XVIIIe siècle, fut favorable au Coteau, si bien que l'on put croire qu'il allait devenir le grand faubourg industriel de Roanne.

---

(1) Voyez notre travail : *Roanne au dix-septième siècle*, p. 29.

(2) Sur l'hiver de 1709 et de ses conséquences, voyez le *Bulletin paroissial du Coteau* janvier, février 1909 et mars 1910.

(3) Le *Bulletin paroissial de N.-D. des Victoires* explique ce « doublement de droit », dans un article intitulé: Une rebellion sur le Port de Roanne en 1709.

CHAPITRE II

Les dernières années de l'ancien régime. — Premiers établissements industriels du Coteau. — La verrerie de Pincourt. — Le manoir Couzon. — Procédés primitifs de fabrication du verre. — Bénédiction des fours, 23 déc. 1743. — Premières difficultés. — Le roman du sieur Bigot de Clairbois. — Causes qui amenèrent la ruine de la verrerie.

La fabrique de « quincaillerie » de l'Anglais Alcok. — Rectification de la grande rue du Coteau, près du pont. — La rue Ducale à Roanne. — Construction des ponts destinés à réunir les deux rives du fleuve. — Démolition du petit pont et vente de ses débris. — Le projet de M. de Varaigne, ingénieur en chef des ponts et chaussées, et ses conséquences. — Expropriation de trois maisons situées au Coteau.

Jusqu'en 1743, le Coteau n'avait été qu'un hameau vivant du passage de la grande route et de son port sur la Loire ; mais à cette époque, l'industrie y fit son apparition.

Le premier établissement industriel installé sur le « Coteau Beaujolais », comme on disait alors, fut une verrerie, dont il est intéressant de retracer la trop brève histoire (1).

Dans le courant de l'automne 1743, cinq gentilshommes : le sieur Bigot de Clerbois et ses associés : Otrequin Antoine, Mertrude Jacques, Armand Leséneschal de Rivières, et Claude-Louis Pigalle de Marvilly sollicitèrent du Conseil du Roy l'autorisation de créer et d'exploiter une verrerie à Roanne. Cette autorisation leur fut accordée par un arrêt du Conseil en date du 29 octobre 1743. Le privilège royal leur fut également concédé par lettre en date du 11 février 1744 et par arrêt du Parlement du 16 mars. La permission accordée ainsi en haut lieu fut appuyée par l'avis favorable du procureur fiscal de la ville de Roanne.

---

(1) L'histoire de cet établissement industriel a été racontée par M. G. Guigue, archiviste du Rhône, dans une étude parue dans la *Revue du Lyonnais*, sous ce titre : *La verrerie de Roanne* (1743-1757).

Munis de toutes ces autorisations, les gentilshommes verriers passèrent à la période d'exécution. Dans ce but, ils louèrent sur le « Coteau Beaujolais », au sieur Tardy, un « vieux petit château » dans lequel ils aménagèrent des appartements pour eux et leurs familles, tout en disposant les caves et les dépendances pour leur verrerie.

Les premiers travaux d'aménagement qui eurent lieu au mois de mai, excitèrent vivement la curiosité publique, de telle sorte que la nouvelle création fut l'objet d'une enquête de l'intendant de la généralité de Lyon, qui invita M. Hue, son subdélégué à Roanne, à se rendre sur les lieux pour dresser procès-verbal, sur l'état de la future verrerie.

Le rapport de M. Hue donne de curieux détails sur les procédés de fabrication employés par les verriers au milieu du XVIIIe siècle :

« Monseigneur,

« Je me transportai hier chez les entrepreneurs de la verrerie, pour examiner leur établissement et vous en rendre compte.

« Ils ont loué du sieur Tardy au prix de 800 livres par année, un petit vieux château appelé Couzon (1), sur le bord de la rivière de Rhins, à une portée de carabine de Roanne ; le loyer comprend environ trente mesures de terre autour de la maison, et une île entre deux bras de Rhins, qui renferme quelques parties de terre, de prés et de bois ; la situation est assez heureuse pour un pareil établissement, par le voisinage de la Loire qui facilitera le transport des ouvrages, et même par la commodité de la rivière de Rhins qui dans les crues ou avec un peu de soins dans d'autres temps, peut porter batteau depuis ce château jusques à la Loire.

« J'ai vu différents ouvriers travailler aux réparations et à l'agrandissement de cette maison pour la mettre en état de loger cinq personnes intéressées dans cette entreprise; mais je ne vois pas qu'ils puissent être arrangés avant l'hiver prochain.

« A l'égard des autres bâtiments pour la manufacture, j'ai vu les caves croisées avec leur cintre simplement sur lesquelles on se prépare de voûter, mais les quattre fourneaux qu'on se propose de faire dans les quattre angles de la cave croisée ne sont point encore commencés et on voiture les matériaux. Dans une grange dépendante et située dans la cour du château, j'ai vu trois ouvriers pilant dans un mortier de bois doublé de lames de fer, des cailloux de la rivière de Rhins et de la Loire qui ont été calcinés dans un fourneau par un autre ouvrier que j'ai vu travailler ; ces trois ouvriers ne pilent que

(1) Le « manoir Cozon ou Couzon » était ainsi appelé de la famille à laquelle il appartenait dans la première moitié du dix-septième siècle. De la famille Cozon il passa par alliance à la famille du Treuil de Rhins.

grossièrement ces cailloux, ils sont portés en grosse poussière à deux autres ouvriers qui les pilent de nouveau le plus fin qu'ils peuvent, les passent au tamis, et en composent des briques pour les fourneaux de plus d'un pied de long, d'un demi pied de large et de plus de quattre poulces d'épaisseur ; ce gravier ce mesle avec de la terre blanche pour composer ces briques.

« J'ai vu aussi dans un grenier quattre grands pots tout frais pour la cuite et la fonte des matières, ils sont d'une terre blanche que les entrepreneurs tirent de Charlieu, ils m'ont dit qu'il leur fallait 150 pots de cette façon, je ne sçais quand ils seront faits. Mais je ne crois pas qu'on puisse rien espérer de cet établissement avant l'hiver prochain. Ces messieurs m'ont dit avoir fait des épreuves qui ont réussies.

« J'ai l'honneur d'être Monseigneur votre très humble et très obéissant serviteur. — Hue. »

Les travaux d'installation furent menés rapidement pendant les mois qui suivirent. Vers la fin décembre, les fours furent mis en activité et le 23, sur la demande des gentilshommes verriers, le clergé procéda à la bénédiction des fours allumés. Selon le programme, cinquante personnes notables de Roanne avaient été invitées, mais onze seulement furent présentes, en raison du « temps épouvantable » qu'il fit ce jour-là.

En 1745, la verrerie du Coteau donna ses premiers produits ; mais à peine avaient-ils paru sur les marchés de la région, que des oppositions se manifestèrent. Elles vinrent d'abord des subdélégués de l'intendance des localités voisines, qui demandèrent la limitation de la fabrication, sous prétexte que les cendres nécessaires aux verriers nuiraient « aux blancheries » échelonnées sur les bords de la rivière de Rhins, « lesquelles employaient grande quantité de cendres pour blanchir les toiles ». D'autres opposants firent observer que les cendres utilisées par la verrerie feraient défaut à l'agriculture, alors qu'elles étaient si nécessaires pour amender les terres fortes du Beaujolais et du Forez.

L'intendant de la généralité de Lyon ne s'arrêta pas à ces plaintes et la fabrication continua.

Sur ces entrefaites une difficulté plus grande survint.

Les sieurs Gérando et de Vaux, fermiers du port de Saint-Rambert et, par privlège royal, adjudicataires des mines de charbon de Roche-la-Molière, refusèrent de livrer du charbon aux entrepreneurs de la verrerie. Ceux-ci leur adressèrent plusieurs requêtes, voire même une instance en vers, qui finirent par vaincre l'opposition des fermiers des mines. Si l'on en croit certains documents, le refus des sieurs Gérando et de Vaux aurait eu pour but de favoriser la manufacture royale de Sèvres, au détriment de la verrerie du Coteau.

A peine les fours eurent-ils été remis en activité, qu'une nouvelle épreuve imprévue et romanesque vint mettre l'entreprise en péril.

Depuis son arrivée à Roanne, bien qu'il fût, paraît-il, de bonne noblesse, le sieur Bigot de Clairbois n'avait pu forcer les portes des salons de la noblesse et de la bourgeoisie roannaises. En 1747, cette bouderie devint de l'opposition et bientôt, on raconta dans les salons roannais les choses les plus singulières sur les origines et la vie du sieur Bigot. Ces indiscrétions transpirèrent au dehors et il fut bientôt de notoriété publique que le sieur Bigot était un ancien forçat, qui avait été vu à la chaîne sur le port.

Ces bruits parvinrent aux oreilles des associés de Bigot ; ils firent une enquête rapide qui leur permit de constater l'exactitude des faits. De plus, l'ex-forçat mis en surveillance discrète, fut surpris détériorant les pots de fonte qui servaient à la cuisson et altérant les matières premières qui devaient servir à la fabrication du verre.

Ces constatations faites, les associés de Bigot s'empressèrent de déposer une plainte contre lui, d'abord entre les mains du juge de la châtellenie de Perreux, puis au Parlement de Paris.

L'affaire suivit son cours et en 1748, après enquête, le Parlement de Paris déclara le sieur Bigot déchu de ses droits et privilèges avec interdiction pour lui, sa femme et ses enfants de se rapprocher à moins de trente lieues de la verrerie du Coteau.

Après le départ du sieur Bigot, plusieurs anciens associés se retirèrent et l'entreprise fut conduite par les sieurs Leséneschal de Rivières et de Cattigny. Sous cette nouvelle direction la verrerie donna des produits estimés ; mais ces deux gentilshommes ayant voulu créer d'autres affaires industrielles et commerciales, voire même un service de coche sur la Loire, les ouvriers verriers, laissés sans surveillance, ne produisirent bientôt que peu de choses et des spécimens inférieurs, ce qui amena la ruine de l'entreprise (1).

Moins de sept ans après la fin lamentable de la verrerie du Coteau, un nouvel établissement industriel vint s'installer dans notre localité.

Vers la fin du règne de Louis XV, une fantaisie de la mode introduisit l'usage de mettre aux vêtements des boutons en acier et en ivoire et d'orner les revers et parements des habits de garniture de marcassite, d'écaille ou de nacre. La fabrication de cette « quincalle » donna naissance à l'industrie de la quincaillerie.

---

(1) Pendant que les sieurs de Marvilly et de Cattigny étaient à Paris, pour obtenir autorisation et privilèges en faveur de l'établissement d'un coche sur la Loire et l'Allier, leurs ouvriers subirent plusieurs chômages à la suite desquels « deux maîtres-verriers déposèrent une plainte contre les entrepreneurs, réclamant payement de 6 livres par semaine qui leur étaient allouées par contrat pour indemnité de chômage. A la requête de ces maîtres verriers, les sieurs Guérin de Charleroy et J.-B. Boilet, venu de Carmaux, les meubles et l'outillage furent saisis pour gage de leur salaire et de leur indemnité de chômage.

Pendant quelques années, l'Angleterre garda le monopole de cette fabrication, mais l'usage de ces ornements s'étant généralisé, un anglais, M. Alcock, pensa un beau jour qu'il pourrait réaliser de beaux bénéfices en créant en France une fabrique de quincaillerie. Son choix se fixa sur le « Coteau Beaujolais », où il sollicita du Conseil du Roi l'autorisation d'établir son atelier et fabrique. Cette autorisation lui fut donnée par arrêt du Conseil, en date du 4 mai 1765.

M. Alcock se mit aussitôt à l'œuvre et commença la fabrication des boutons de métal dans une vaste construction « sise sur le Coteau et qui ne mesurait pas moins de 22 toises de façade ». Mais l'affaire était nouvelle et inconnue et la fabrique ne tarda pas à chômer faute d'argent. Ce fut alors, en 1766, que dans le but de se procurer des ressources, M. Alcock s'associa avec Adrien Mathieu, notaire à Dijon, et Michel Belot.

L'année suivante, Michel Belot mourut et l'affaire sous sa nouvelle raison sociale qui avait paru donner quelques résultats appréciables, périclita de nouveau.

Devant la nécessité de trouver d'autres bailleurs de fonds, M. Alcock père, découragé, se retira et passa l'affaire à ses fils, MM. Joseph et Michel Alcock, à condition qu'on lui ferait une rente annuelle de 2.000 livres.

Le 20 décembre 1769, les fils Alcock passèrent un nouveau traité avec Monsieur Mathieu, en vertu duquel le notaire de Dijon s'engageait à mettre dans l'entreprise le double de la somme à laquelle l'inventaire estimerait la fabrique et le matériel (1).

Grâce à cet apport, les associés achetèrent à noble Claude-Marie Ponchon, maire de Roanne, une maison avec terrain contigu situés à Roanne, près de la chapelle Saint-Jean (2).

La fabrique Alcock fut transportée dans ce tènement où elle éprouva tout comme au Coteau, les vicissitudes des affaires nouvelles. Pendant que naissaient et disparaissaient les premiers établissements industriels établis sur le Coteau, le « Grand chemin Royal » subissait dans cette localité, à son point de contact avec le fleuve, une rectification qui a subsisté depuis. L'explication de ce changement oblige à remonter un siècle en arrière.

Au milieu du dix-septième siècle, comme il a été dit plus haut,

---

(1) L'acte d'association attribuait aux fils Alcock 2.000 livres par an « jusqu'à ce que le prix de vente des marchandises ait élevé le chiffre d'affaires à 300.000 livres. Passé cette somme, ils devaient percevoir 1000 livres pour 100.000 livres d'augmentation. »

(Dumoulin, *En pays roannais*, p. 179.)

(2) La chapelle Saint-Jean était située sur le terrain resté libre à l'angle des rues Beaulieu et Brison. La « fabrique Alcock fut établie en face, à l'angle des rues Benoît Malon et Brison. »

les deux rives de la Loire étaient unies par un pont divisé en deux parties par le quartier de l'Ile. C'est pourquoi, le voyageur se rendant du Coteau à Roanne, suivant le grand chemin qui se prolongeait pendant 50 mètres environ dans le lit actuel du fleuve, traversait la partie du pont dite « petit pont », le quartier de l'Ile et gagnait l'autre partie du pont, grâce à laquelle il arrivait à l'entrée de la rue des Minimes. Vers 1680, le pont qui unissait l'Ile et Roanne, fut emporté par une forte crue et c'est en vain que pendant un demi-siècle, les riverains et les voyageurs réclamèrent son rétablissement.

En 1730 cependant, les pouvoirs publics s'émurent et le Conseil du Roi Louis XV ordonna que le duc de la Feuillade, qui possédait le droit de péage du pont de Roanne, serait contraint de reconstruire au plus tôt le dit pont et jusqu'à sa mise en état, d'entretenir à ses frais le bac qui mettait en communication l'Ile et la rue des Minimes.

Le duc, qui fréquentait la Cour, ne s'émut pas de cette mise en demeure et opposa la force d'inertie à toutes les injonctions et ordonnances du pouvoir royal. Ce déplorable état de choses menaçait de durer, lorsqu'en 1750, un incident qui faillit provoquer un accident, réveilla l'opinion publique et stimula la bonne volonté de l'autorité royale.

En cette année 1750, l'intendant de la généralité de Lyon, se rendant à Roanne pour traiter des affaires urgentes, prit le bac pour traverser le fleuve, entre l'Ile et la rue des Minimes. Le fleuve était grossi par les pluies et, sous la poussée des eaux, le *bachot* fut emporté à la dérive. Les passagers eurent un moment d'inquiétude ; mais les mariniers roannais, gens expérimentés, après quelques minutes d'efforts, déposèrent sains et saufs, sur le quai de la Tête d'Or, l'intendant et sa suite.

Impressionné par le danger qu'il avait couru, l'intendant invita les ponts-et-chaussées à mettre immédiatement à l'étude la reconstruction du pont de Roanne. Ceux-ci s'empressèrent d'obéir aux ordres d'un si haut personnage et comme on s'occupait en ce moment de la création de la rue Ducale (aujourd'hui rue Jean-Jaurès), ils décidèrent que le nouveau pont serait construit dans l'axe même de cette rue, mettant ainsi en communication la ville et le « bec de l'Ile ». Ce déplacement nécessitait une rectification sur la rive droite du fleuve et c'est ainsi que la grande rue du Coteau dut dévier pour aborder le nouveau pont destiné à relier le Coteau à l'Ile.

Les deux ponts construits entre le Coteau et l'Ile, et entre l'Ile et la rue Ducale, eurent, sur les deux bras du fleuve, un développement total de 249 mètres 47 centimètres. Chaque partie fut composée de 15 travées, ayant chacune un peu plus de 8 mètres d'ouverture. Les piles étaient formées par une série de piliers et d'aiguilles en bois, profondément enfoncés dans le lit du fleuve et protégés en amont par une poutre inclinée, formant avant bec, et destinée à diminuer le choc et la violence des eaux.

Les travaux durèrent plusieurs années et les dépenses dépassèrent le devis prévu ; c'est pourquoi l'œuvre achevée, des réclamations se produisirent de la part de l'entrepreneur, le sieur Désarnod. L'intendant de la généralité de Lyon, ému de ces réclamations, fit procéder à une enquête par l'ingénieur en chef des ponts-et-chaussées de la généralité. Après visite et expertise des travaux, celui-ci décida qu'à titre d'indemnité, il serait accordé au sieur Désarnod la propriété de deux « langues de terre situées à l'entrée du pont, sur le Coteau Beaujolais ». Peu de temps après, le sieur Désarnod rétrocéda ces deux « langues de terre » au sieur Favre, sous-entrepreneur, qui avait effectivement conduit les travaux et accepté les responsabilités (1).

En 1786, la partie du pont comprise entre le Coteau et l'Ile ayant éprouvé de graves dégâts, par suite de deux crues successives, un rapport fut adressé sur ce sujet à l'ingénieur en chef des Ponts-et-Chaussées. Celui-ci, qui, sans doute, ne connaissait la Loire que par les cartes et plans exposés dans son bureau de travail, résolut de supprimer cette partie du pont et, en conséquence, ordonna la mise en vente de ses débris.

L'adjudication eut lieu « le 12 janvier 1787, à deux heures de relevée, en l'hôtel du sieur Thévenon, subdélégué à Roanne. Les pierres, bois et fers, provenant du petit pont, furent attribués au sieur Michon, voiturier par eau, pour le prix de trois mille six cent cinquante livres ».

Le nouveau projet de l'ingénieur en chef des Ponts-et-Chaussées changea complètement l'aspect de cette partie du Coteau. En effet,

---

(1) Les archives du Duché de Roannais contiennent plusieurs pièces se rapportant à cette affaire, notamment le procès-verbal de la visite des deux ponts construits sur la Loire, dressé par l'ingénieur en chef des Ponts-et-Chaussées de la généralité de Lyon, puis cession « à titre d'indemnité » à l'entrepreneur Antoine Désarnod de deux langues de terre vacantes à l'entrée du Coteau et rétrocession des dites langues de terre au sieur Claude-Joseph Favre, sous entrepreneur ; enfin, quelques pièces de procédure se rapportant à un procès intenté au sieur Favre par Adrien Michon, avocat en Parlement, demeurant à Paray et dame Anne-Marie Joard son épouse, qui revendiquaient la propriété des deux langues de terre concédées. Le procès se termina par une transaction, par laquelle le sieur Favre reconnaissait « tenir d'eux à titre de vente, les dites deux parcelles, aux prix de vingt livres de rente annuelle. »

La rétrocession des deux langues de terre était faite au sieur Favre, sous la condition qu'il construirait de chaque côté du pont « deux maisons uniformes. »

Cette condition ne fut pas exécutée, mais il est curieux de constater que trois quarts de siècle plus tard, on édifia cependant à l'entrée du pont deux maisons monumentales : la maison Guillet et celle dite du Café des Mille Colonnes.

sous prétexte que le « petit bras du fleuve était ordinairement à sec », il ne trouva rien de mieux que de le supprimer et il remplaça le pont par une « belle et large levée » qui formerait avenue au pont construit entre l'Ile et Roanne.

Ce projet excita de nombreuses réclamations justifiées par les crues rapides et fréquentes que subissait la Loire. Mais l'ingénieur, M. de Varaigne, refusa de modifier ses plans, alléguant que le lit du fleuve compris entre l'Ile et la ville suffisait à l'écoulement des eaux et que les améliorations projetées en amont du fleuve dissiperaient toutes les inquiétudes. Sur ces assurances, le projet fut aussitôt mis à exécution ; mais pour dégager l'entrée de la levée en construction, du côté du Coteau, il fallut procéder à l'expropriation de trois maisons appartenant aux sieurs Bertillot, Simonin et Antoine Tabouret, « ce dernier représentant les héritiers Tardy » (1).

---

(1) Les travaux étaient encore loin d'être terminés en avril 1789, époque à laquelle les intéressés adressèrent à l'intendant de la généralité de Lyon une supplique pour qu'il fût procédé à une nouvelle expertise ; en voici le texte :

« Supplient humblement Louis Bertilliot, Antoine Simonin et les héritiers Tardy représentés par Antoine Tabouret, disant qu'ils ont en propriété dans l'encaissement du Pont que l'on va construire à Roanne trois maisons hautes et basses, que M. Liard, ingénieur de ce département les a avertis le 29 mars dernier de les faire démolir pour que l'on put sans embarras continuer la fouille commencée — sa circulaire ne contenait pas d'autres détails — ; qu'en 1787 M. Bompar fit commencer ces démolitions sans les prévenir, conséquemment sans estimer avec eux les objets démolis : les matériaux qu'ils ont produits ont disparu, qu'en 1787 M. Liard a dicté et fait signer à Berthilliot que le 9 mars 1787 il a fait démolir à ses frais une petite maison qui faisait partie de sa propriété. — Ce particulier affirme qu'il n'a pas senti la conséquence de cette déclaration.

« Les suppliants, qui ont intérêt avant qu'il soit passé outre de faire donner à leurs maisons une valeur déterminée et de la faire régler sur le pied de ce qu'elles étaient et de ce qu'elles sont actuellement, ont l'honneur de recourir à vous afin qu'il vous plaise Monseigneur ordonner que par experts pris à l'amiable et la présence de M. votre subdélégué, il sera incessamment procédé contradictoirement avec eux à l'estimation de leurs maisons, tant pour ce qui concerne les objets démolis en 1787 que pour ceux à démolir.

« Vous ferez justice.

« A Roanne, ce 9 avril 1789. »

Après en avoir référé à M. Thévenon subdélégué à Roanne, l'intendant rejeta la demande des requérants. Mais cette pièce montre qu'à la veille de la Révolution (avril 1789) la question du « petit bras » du fleuve, n'était pas encore tranchée. La grande inondation qui survint dix-huit mois plus tard (novembre 1790) devait lui faire donner une solution imprévue.

L'avenir ne devait pas tarder à condamner le plan de M. de Varaigne et à prouver combien étaient justifiées les plaintes des riverains, les réclamations des commissionnaires par eau et les protestations des autorités locales.

CHAPITRE III

Les « notables » de six paroisses du Beaujolais se réunissent au Coteau pour rédiger le cahier des plaintes et doléances du « pauvre peuple des campagnes » (1789). — La grande peur, ses causes locales. — Enlèvement des canons de l'Aubépin par un détachement de la garde nationale de Roanne et du Coteau. — Protestations des habitants de Sainte-Colombe et de Fourneaux. — Médiation de M. de Saint-Vincent. — La conciliation rendue inutile par suite d'une « effroyable catastrophe ».

L'inondation du 11 novembre 1790. — Destruction du pont. — Projet de M. de Varaigne ; il excite d'unanimes protestations. — Modifications apportées au projet primitif. — Construction du pont actuel commencée en 1792.

La constitution civile du Clergé et M. Captier, curé de Parigny ; il refuse le serment et la promulgation de l'élection de Lamourette. — Troubles à Parigny. — La Terreur ; les victimes du Coteau.

Au début du printemps de 1789, quelques semaines avant la convocation des Etats Généraux, une députation composée de notables appartenant à six paroisses du Beaujolais, se réunirent dans un hôtel du Coteau. Cette réunion avait pour but d'amener une entente sur les différentes matières qui devaient faire l'objet des remontrances à formuler dans la future assemblée des Etats du Beaujolais, à Villefranche. Dans l'esprit des membres de la réunion, les « plaintes et doléances » ainsi exprimées, devaient avoir plus de force et d'autorité.

Après s'être mis d'accord, la « rédaction des remontrances » fut confiée à « MM. Rochard et Desplante, députés de St-Vincent » dont la note servirait ensuite de modèle aux députés des autres paroisses, qui restaient libres d'y insérer « ce qui serait conforme aux intérêts particuliers de leurs localités. »

La feuille des remontrances de Saint-Vincent contient en huit articles les principales revendications « du pauvre peuple des campagnes », mais elles peuvent se résumer en quelques mots : protestations de respect et d'affection pour le roi et leur curé, vives plaintes contre la noblesse et contre tous les droits et privilèges féodaux « dont la noblesse peut encore user avec une rigueur déplorable contre le peuple », enfin, demande l'aliénation des domaines royaux et des biens des abbayes, dont le prix comblerait le déficit du trésor et constituerait un traitement pour les curés des campagnes (1).

Telles furent, en effet, les réclamations formulées à l'assemblée de Villefranche et qui servirent de base à la rédaction du cahier général des Etats du Beaujolais. Ces réclamations furent ensuite portées par les députés de la province aux Etats Généraux, chargés de déterminer les mesures appropriées.

Lorsque les députés des Etats Généraux furent réunis, un grand sentiment de confiance s'empara de la France et pénétra jusque dans les campagnes les plus reculées, dont la population comptait sur les ordres privilégiés, pour guider le Tiers-Etat dans les voies « politiques propres à assurer le bonheur du peuple ». Mais un sentiment bien différent ne tarda pas à se manifester.

Vers la fin du mois de juillet 1789, dix ou douze jours après la prise de la Bastille, une effrayante rumeur courut sur la France entière : « Les brigands arrivent ; ils pillent les demeures, incendient les récoltes ; ils égorgent femmes et enfants. » Cette alarme se répandit du nord au sud et de l'est à l'ouest du royaume, presque dans le même moment.. Le décret, que l'Assemblée nationale publia le 10 août 1789, constate dans son préambule la généralité et la simultanéité de la panique. « Les alarmes ont été semées dans les différentes provinces dit l'Assemblée, à la même époque et presque le même jour. »

Un messager paraissait, haletant, les yeux fous, la voix étranglée sur son cheval blanc d'écume. Il se penchait sur sa selle et, étendant le bras dans la direction qu'il voulait désigner : les brigands approchent ; ils sont là-bas, derrière le coteau ; j'ai vu luire leurs armes dans la feuillée du bois. Sur la route, les sabots de leurs chevaux soulèvent des nuées de poussières, l'horizon est rouge des incendies qu'ils allument : ils vont comme un ouragan !

Un jour, la terrible rumeur circula au Coteau. C'était vers la fin d'août, à la nuit tombante. Un courrier, couvert de poussière et montant un cheval qui paraissait exténué, s'arrêta aux premières maisons de l'agglomération et jeta aux habitants ces mots sinistres : « Les brigands sont à deux lieues d'ici ! »

---

(1) D'après une « Copie des remontrances qui ont été présentées par les députés de cette paroisse à l'assemblée des trois ordres de la province tenue à Villefranche le 16 mars 1789, les députés ont été les sieurs Rochard et Desplante, le premier syndic et le second membre de la municipalité. »

Registres de Saint-Vincent-de-Boisset.

Nul ne songea à vérifier l'exactitude des paroles du courrier auquel une coïncidence bizarre vint donner quelque créance.

Vers la même époque, la maréchaussée de Roanne arrêta au bas de Rhins, deux pauvres diables déguenillés et incontinent, « en raison du crime commis dans le voisinage, » les conduisit aux prisons du bailliage. Les vagabonds suivirent le grand chemin et traversèrent le Coteau, escortés par les cavaliers de la maréchaussée. Il n'en fallut pas davantage pour confirmer les bruits mis en circulation. C'est en vain que l'enquête de la justice reconnut dans l'un de ces vagabonds un faux saunier incorrigible, plusieurs fois condamné à Villefranche, et dans l'autre, une façon de sorcier de campagne, au sujet duquel une plainte avait été déposée par le curé de Sainte Marguerite de Neaux et deux habitants de cette localité ; la rumeur publique n'en continua pas moins à voir dans ces pauvres diables, les chefs des brigands tant redoutés.

Cependant, la panique se dissipa, mais ce fut pour renaître quelques jours plus tard. Comme il arrive ordinairement aucun fait précis ne lui donna naissance, les détails ne firent pourtant pas défaut.

D'après la rumeur publique, un voyageur venant de Lyon et se rendant à Roanne, avait raconté qu'il venait de traverser un pays terrorisé. Près de Lyon, les routes étaient encombrées de fugitifs gagnant la grande ville, poussant devant eux leurs bestiaux et traînant sur des charrettes leurs objets les plus précieux. En approchant de Roanne, la même panique régnait, les villes importantes, comme Lay, St-Symphorien et Régny, organisaient à la hâte des « milices civiques » ou des « gardes citoyennes. » Les localités moins importantes, envoyaient des messagers demander aide et secours aux villes de Tarare et de Feurs (1). Quant aux habitants des hameaux, ils quittaient leurs demeures et se cachaient dans les plus épais fourrés des bois, parfois même se creusaient des retraites souterraines dont ils dissimulaient l'entrée avec des ronces et des buissons épineux; ceux que la maladie obligeait à rester chez eux, n'osaient ni parler, ni faire du feu pour ne pas dévoiler leur présence aux brigands (2).

Telles étaient les rumeurs qui couraient alors au Coteau et que les bruits d'émeutes et de troubles populaires qui arrivaient de toutes parts, contribuaient à confirmer. Il faut pourtant reconnaître que

---

(1) Un beau jour les habitants de Feurs virent arriver un messager couvert de poussière ; il demandait aux habitants aide et secours contre les brigands, en faveur des paroisses de Sainte-Colombe et de l'Aubépin et comme preuve de sa mission, présentait un billet signé du curé de Sainte-Colombe.

E. Brossard, *Histoire du Département de la Loire pendant la Révolution.*

(2) Funck-Brentano, conférence sur « la Grande Peur de 1789 ».

chez nos bons ancêtres la panique fut moins vive que dans les localités isolées, à cause du voisinage de la ville de Roanne (1).

Mais une affaire regrettable, survenue à la même époque et dont le dénouement eut lieu au Coteau, contribua à entretenir longtemps la surexcitation des habitants.

Le château de l'Aubépin en Beaujolais, dont on admire encore

CHATEAU DE L'AUBÉPIN

aujourd'hui la belle ordonnance, renfermait à cette époque deux pièces de canons. Ces curieux spécimens d'une artillerie démodée, avaient été donnés deux siècles auparavant par le roi Henri IV à Antoine de Sainte-Colombe, seigneur de l'Aubépin (2). Par ce don, le roi avait voulu reconnaître la fidèle et loyale amitié de son ancien compagnon d'armes. Or, dans le courant de l'automne 1789, deux

(1) La ville de Roanne elle-même ne fut pas exempte de cette panique, car le 26 juillet le maire et les officiers municipaux envoient un messager du côté de Charlieu, à l'effet de se renseigner sur ce qui se passe.

(2) En septembre 1595, Henri IV, étant à Lyon, écrivit à Antoine de Sainte-Colombe ce laconique et pittoresque billet: « *Grand pendu, j'irai taster de ton vin en passant.* » Le roi s'arrêta en effet, au châ-

mariniers roannais, qui avaient des relations dans le voisinage de l'Aubépin, rappelèrent à leurs compatriotes l'existence des canons. Les mariniers s'émurent et projetèrent d'aller les enlever. Mais, les autorités locales, redoutant le danger, prirent les devants et ce fut un détachement de la garde nationale (1) qui fut chargé de cette opération.

Le détachement partit avant le jour, s'adjoignit, en passant au Coteau, quelques gardes de cette localité, commandés par le sieur Thiodet et arriva sans encombre à l'Aubépin. Les canons furent réparés à la hâte et amenés au Coteau. Là, comme il faisait nuit noire, et que les travaux en cours et une crue du fleuve rendaient l'accès de Roanne difficile pendant l'obscurité, on décida de laisser les canons « à la vigilance et au patriotisme » des habitants du Coteau.

L'expédition avait été préparée en secret et exécutée si rapidement, qu'elle n'avait rencontré ni opposition, ni protestation. Mais lorsque l'enlèvement fut connu, il excita dans la région, particulièrement dans les paroisses de Fourneaux et de Sainte-Colombe, une très vive effervescence. Une réunion de protestations fut tenue à Fourneaux où l'on parla de prendre contre le Coteau et Roanne les mesures les plus extrêmes. Un membre proposa même « d'affamer » ces localités, en invitant les habitants des campagnes à ne pas y transporter leurs denrées. A quoi il fut répondu que cette mesure ne produirait aucun effet parce que si l'on pouvait agir sur les habitants de la région de Lay et de Saint-Symphorien, il n'en serait pas de même pour les cultivateurs des autres régions de la rive gauche qui continueraient à approvisionner la ville. Une motion finale parut plus efficace ; elle consistait à solliciter l'intervention de François Courtin, marquis de Saint-Vincent, qui jouissait d'une grande autorité dans le pays et avait des relations à Roanne où il possédait un hôtel.

Dans le but d'arranger cette affaire regrettable, M. de Saint-Vincent provoqua une assemblée générale de la communauté des habitants de Saint-Vincent, et dans cette réunion, fit nommer comme « conci-

---

teau de l'Aubépin le 24 septembre. Une réception magnifique fut organisée en son honneur par Antoine de Sainte-Colombe qui avait été le fidèle compagnon d'armes du Béarnais, au cours de ses campagnes.

(1) La garde nationale de Roanne fut créée le 23 juillet 1789. Dans une réunion préliminaire tenue le 22, et où étaient MM. Dumyrat père, Geoffroy, Passinges, Gambon, Déchatellus, Verdellet, Debalichard, Moreau, Jars l'aîné, Thy de Milly, Courbeville, etc., un membre dit que la création d'une garde nationale était rendue nécessaire par « les troubles qui éclataient un peu partout et jusque dans cette ville. »

Dans l'acte d'organisation, Roanne fut divisée en quatre sections dont la première fut « le Coteau Beaujolais, l'Ile et le port de Roanne ».

liateurs » MM. Dansard et Rochard. Ceux-ci se mirent aussitôt en rapport avec les autorités roannaises qui les accueillirent plutôt froidement et l'affaire en resta là pour l'instant. Peu de temps après, au début de janvier 1790, les « conciliateurs » firent une nouvelle démarche ; mais cette fois il leur fut répondu que la « catastrophe effroyable » qui s'était produite, supprimait « toute démarche ultérieure » (1).

Le 6 janvier, MM. Rochard et Dansard rendirent compte de leur mandat au Conseil communal de Saint-Vincent.

Quelle peut bien être la catastrophe effroyable survenue à cette époque ? Les recherches les plus minutieuses n'ont pas encore permis de la déterminer.

Quoi qu'il en soit, l'effervescence populaire soulevée par ce que l'on a appelé : l'affaire des canons de l'Aubépin se calma peu à peu. Bientôt, du reste, l'attention publique fut sollicitée par d'autres événements.

Sur ces entrefaites, l'assemblée nationale vota la loi qui supprimait les anciennes provinces et divisait la France en départements (2). Par suite de cette loi, le Coteau, hameau de la paroisse de Parigny en Beaujolais, devint une parcelle communale ou section de la commune de Parigny, district de Roanne, département de Rhône et Loire (3).

Ce fut vers la fin de cette année 1790, qu'une « catastrophe » vraiment « effroyable » éprouva le pays.

A la suite des pluies torrentielles, survenues les 9, 10 et 11 novembre, le 11, à 7 heures du soir, la Loire emporta les faibles levées qui protégeaient les bas quartiers de la ville et envahit le Creux-Granger, les Charpentiers et les Vies-Vieilles. Malgré la nuit noire, les secours furent promptement organisés et nombre de victimes furent

---

(1) On lit dans le registre de la municipalité de Saint-Vincent, à la date du 6 janvier 1790 : « MM. Dansard et Rochard rendent compte de leur mission. Pendant qu'ils s'en acquittaient et qu'ils avaient lieu d'espérer des habitants du Coteau de Roanne les dispositions les plus conciliantes, la catastrophe la plus effroyable a terminé toute démarche ultérieure. »

(2) Le 20 décembre 1789, une assemblée importante des notables et délégués des communes voisines se réunit au Coteau pour demander à l'Assemblée nationale que ces communes fussent réunies au district de Roanne où serait établi un tribunal civil, et non à Villefranche qui est éloigné de dix lieues. (Registre de la municipalité de Saint-Vincent.)

(3) En 1793, le département de Rhône et Loire fut subdivisé en deux : celui du Rhône avec Lyon et Villefranche pour district, et le département de la Loire ayant pour district Montbrison, St-Etienne et Roanne.

arrachées à la mort par M. Liard, ingénieur, et les sieurs : Sylvestre Magneux, François Boulard, Antoine Dubuis, Bertrand Prelanges, François Verger et François Thélis, tous mariniers auxquels le Conseil municipal vota des remerciements : « faibles témoignages de la reconnaissance de leurs concitoyens ».

Il est inutile de faire observer que ce désastre avait été causé, ou du moins singulièrement aggravé, par la levée que M. de Varaigne avait fait construire entre l'Ile et le Coteau. Celle-ci, en effet, avait fait refluer les eaux en amont, provoqué la rupture des digues de la Loire et du Renaison et amené l'effondrement du pont qui avait été emporté par les eaux.

Un grand nombre de personnes qui se trouvaient sur la rive droite, furent hospitalisées provisoirement au Coteau, et pendant près de six mois, les communications entre les deux rives du fleuve furent très difficiles.

Au mois de mai 1791, M. de Varaigne, qui était toujours ingénieur en chef des ponts et chaussées à Lyon, fut mis en demeure par les autorités du district de Roanne, de présenter : projet, plan et devis, pour la reconstruction du pont. L'influence désastreuse de la « levée Varaigne » qui obstruait le fleuve entre l'Ile et le Coteau, avait été si manifestement démontrée, que les Roannais comptaient bien la voir disparaître. Il n'en fut rien, et M. de Varaigne proposa de la rétablir en lui donnant plus de largeur et d'élévation.

De vives et unanimes protestations accueillirent le projet de M. de Varaigne et la municipalité invita M. Liard, sous-ingénieur à Roanne, à dresser un projet qui rétablirait les deux ponts. M. Liard s'exécuta et, en face du projet de son chef, donna des plans et devis qui reconstituaient le passage de la Loire tel qu'il était avant 1786. M. de Varaigne ne se tint pas pour battu ; mais grâce à la haute influence de M. Nompère de Champagny, les projets furent soumis au comité central des travaux publics à Paris. Les deux auteurs vinrent défendre leurs plans, mais les plaintes des Roannais contre le projet de Varaigne étaient si bien fondées et justifiées, que le comité décida que la chaussée construite entre l'Ile et le Coteau ne serait pas rétablie.

C'était la condamnation du projet de M. de Varaigne qui, mécontent de voir son plan rejeté, en proposa un autre qui plaçait une levée entre Roanne et l'Isle et construisait le pont entre l'Isle et le Coteau.

Malgré une vive opposition, et de manifestes défectuosités, ce projet fut adopté par le comité central et exécuté (1). Les travaux commencés en 1792, devaient durer 40 ans.

Pendant que les autorités et la population roannaise se préoccu-

(1) F. Pothier, *Roanne pendant la Révolution*.

paient de la reconstruction du pont, de graves événements se déroulaient à Paris. Les Etats généraux, transformés en Assemblée Nationale, votaient la Constitution civile du Clergé et par le décret du 27 novembre 1790, décidaient que tous les prêtres des paroisses seraient obligés, sous peine de déchéance, de prêter serment de fidélité à la Constitution. L'archevêque de Lyon, Mgr de Marbœuf, ayant refusé ce serment fut déclaré déchu de ses titres et de ses droits, par le Directoire du département de Rhône et Loire. Quelques jours après, le 1er mars 1791, les électeurs, réunis dans la cathédrale St-Jean à Lyon, nommaient l'abbé Lamourette, évêque constitutionnel de Rhône et Loire.

Les administrateurs du département s'empressèrnt de prendre un arrêté pour faire connaître aux habitants de la région ce qui venait de se passer et leur notifier la nomination de Lamourette. Un article spécial obligeait les prêtres des paroisses à lire, en chaire, l'arrêté du département.

A l'exemple de beaucoup d'autres, M. Captier, curé de Parigny, refusa. Ce refus ayant été rendu public, le dimanche 27 mars, un piquet de la garde nationale du Coteau, commandé par « l'officier municipal », se rendit à Parigny, pour faire exécuter l'ordre du Directoire. L'office était commencé lorsque la petite troupe arriva à Parigny ; elle pénétra néanmoins dans l'église paroissiale et la messe se termina sans incident.

Après l'office, l'officier municipal du Coteau ordonna au curé de faire lecture du décret ; mais celui-ci refusa, disant qu'il ne consentait pas à donner lecture aux fidèles d'un « écrit schismatique et sacrilège ». L'officier municipal s'avança alors au devant de l'assemblée et lut à haute voix le décret.

Les assistants écoutèrent sans mot dire, mais la lecture terminée, une femme dit : « Nous ne voulons pas être schismatiques ! » Aussitôt, comme si cette parole eut été un signal, une grêle de pierres s'abattit sur l'officier et ses hommes qui, au sortir du village, reçurent encore beaucoup d'injures et quelques pierres.

De retour au Coteau, l'officier et les gardes nationaux se rendirent au district, pour faire leur déposition, à la suite de laquelle les administrateurs déposèrent une plainte contre le curé Captier.

Deux mois plus tard, la même scène se renouvela dans l'église paroissiale de Parigny, le curé Captier ayant refusé de lire aux fidèles le mandement de prise de possession de l'évêque constitutionnel. Cette fois encore, l'officier municipal du Coteau fut obligé de lire lui-même la composition de Lamourette et ce ne dut pas être un spectacle banal que de voir un officier municipal lisant en chaire un écrit sur le dogme, la morale et les principes essentiels de la constitution de l'Eglise (1).

---

(1) Dans son *Histoire du Département de la Loire pendant la*

Quant au curé Captier, il fut poursuivi par ordre de l' « accusateur public » du district de Roanne. Sur les instances de ses amis, il quitta la paroisse (1), après avoir dit à ses paroissiens : « Nous serons séparés par la distance; mais chaque jour, au lever du soleil, je célèbrerai pour vous le Saint-Sacrifice ; vous vous unirez à moi, je prierai pour vous et nous resterons ainsi unis par des liens de Foi et de Charité plus forts que la mort. »

Après le départ de M. Captier, l'administration de l'évêque Lamourette nomma curé de Parigny le sieur Pierre Méraud, prêtre assermenté. Celui-ci prit possession de son poste sous la protection d'un officier municipal et de deux fusiliers ; quant aux habitants, ils témoignèrent à son égard une indifférence qui frisait le mépris. Dans la suite, la plupart d'entre eux refusèrent d'assister aux offices du prêtre « intrus » ; quelques-uns même, très irrités contre lui, se firent ministres du culte et présidèrent des services religieux et des enterrements. Cette attitude à l'égard d'un prêtre assermenté conduisit plusieurs habitants notables sur les bancs de justice, et il fallut de longs jours et beaucoup de prudence pour ramener le calme dans les esprits.

Cependant, à cette époque si troublée de la Révolution, la route qui traversait le Coteau avait repris une grande animation. Les contemporains virent alors défiler sous leurs yeux, nombre de personnages célèbres : le jacobin Chalier envoyé à Lyon pour gagner les Lyonnais à la cause de la Révolution (2) et les conventionnels Javogues,

---

Révolution, M. E. Brossard raconte ainsi cet incident : « Captier, curé de Parigny, avait refusé également de se conformer à l'arrêté et, le 27 mars, le maire et les officiers municipaux du Coteau se rendirent avec un piquet de la garde nationale dans l'église où Captier disait la messe. Après l'office, le maire invita Captier à lire l'arrêté du Département ; celui-ci répondit qu'il ne pouvait publier un écrit schismatique et sacrilège. Le maire en donna connaissance ; mais à peine avait-il terminé la lecture, que les femmes lancèrent des pierres aux gardes nationaux. »

A remarquer la qualification de « maire du Coteau » bien qu'à cette époque le Coteau ne fût pas commune, mais seulement « parcelle communale » de Parigny.

(1) Il resta quelques temps caché sur la paroisse, dans une ferme du hameau de Saligny, puis il gagna les montagnes de Tarare où il avait des parents et, plus tard, le canton de Belmont, où un de ses frères avait exercé, avant la Révolution, les fonctions de curé de Mars.

(2) Dans ses mémoires, Mademoiselle A. des Echerolles raconte ainsi le passage de Chalier à Roanne (août 1792) :

« Le trop fameux Chalier, revenant de Paris, profita de son rapide passage à Roanne pour y prêcher les doctrines nouvelles ; monté sur l'impériale de la diligence, pérorant de la voix et du geste, il appelait le peuple à la connaissance des bienfaits du 10 août. Sa bouche vomis-

Couthon, Collot-d'Herbois et bien d'autres chargés de réduire Lyon par la force. Chaque jour passaient de nombreux détachements allant renforcer l'armée « sous Lyon » et d'interminables convois destinés au ravitaillement des troupes de la Convention.

Lorsque Lyon eut été pris, par une négligence inexplicable, la liste des officiers et soldats de l'armée lyonnaise tomba entre les mains des Conventionnels. Alors, ce fut la terreur dans le pays, et le Coteau lui-même fournit plusieurs victimes aux émissaires de Javogues. La famille Tardy, alors établie au château de Rhins, fut la plus éprouvée et ne perdit pas moins de cinq de ses membres, savoir : Jean-Jacques Tardy, « juge de paix au Coteau », arrêté à Lyon, en octobre 1793, condamné à mort le 2 novembre, et exécuté le lendemain pour avoir été administrateur d'un département rebelle et chargé d'une mission importante à Bordeaux (1) ; J.-J. Tardy, agriculteur, âgé de 22 ans, lors de son exécution, le 28 novembre 1793, et Jérôme Tardy-Desmures, ancien capitaine au 45e régiment, condamné à mort par la Commission révolutionnaire de Lyon, et guillotiné le 17 février 1794, pour avoir « donné sa démission en 1792, à l'effet de désorganiser sa compagnie. »

Les femmes mêmes ne trouvèrent pas grâce devant la Commission instituée par les conventionnels. En effet, elle envoya à l'échafaud Marie-Louise Tardy de Rhins, baronne de Vaugirard, comme étant « une aristocrate forcenée et la femme d'un général qui commandait à Montbrison et à Lyon les contre-révolutionnaires » (2). Le même sort était sans doute réservé à la veuve Tardy « mère et grand'mère d'émigrés », arrêtée à Roanne comme suspecte et emprisonnée aux Ursulines, puis aux Minimes, mais délivrée par le 9 thermidor.

Deux autres victimes intéressent encore le Coteau : la veuve Elie

---

sait l'imprécation et le blasphème ; une bave sanglante coulait de ses lèvres impies et portait son ardeur dans la foule agitée. J'entends encore les mots terribles qui finissaient la harangue de cet énergumène : « Frères et amis, vous avez détruit l'infâme Bastille, mais vous n'avez abattu que des murailles ; un travail plus beau vous attend. Abattez des têtes et vous serez libres. A bas le roi ! Mort au tyran ! Vive le peuple ! Vive la liberté ! » La voiture partit et il criait encore : « Mort au tyran ! »

(1) J.-J. Tardy est mentionné dans une plaque de la chapelle de Rainneville, en l'église du Coteau. Cette plaque rappelle au visiteur le souvenir de Marc-Louis marquis de Tardy, bienfaiteur de la paroisse.

(2) La baronne de Vaugirard fut condamnée à mort sous le nom de Marie Du Crozet qui n'était pas son nom de famille et que tous les auteurs ont répété. Elle était fille de Benoît Tardy, écuyer, seigneur de Rhins et de Jeanne-Marie-Pierre de Saint-Cy.

Servajean, « domiciliée au Coteau », domestique, « arrêtée pour propos inciviques », et M. Gonindard, de Parigny (1), « arrêté au Coteau de Roanne ». Tous deux furent rendus à la liberté après la réaction thermidorienne et la mort de Robespierre.

(1) Le sieur Gonindard de Parigny était prêtre ; il fut arrêté en l'an II et enrôlé de force « dans l'armée des sans culottes » destinée à combattre Lyon. Au moment où il quittait le Coteau « étant sur la route de Commune-Affranchie » (Lyon), une femme « la nommée Mingois servant chez le citoyen Pradines au Coteau », lui remit une lettre dans laquelle un de ses confrères lui recommandait la prudence et l'assurait que de loin il veillerait sur lui. Cette lettre, que le défaut de place empêche de reproduire, est fort suggestive, tant au point de vue des recommandations morales que des traits de mœurs qu'elle renferme.

CHAPITRE IV

Le Consulat. — Passage de Bonaparte, Premier Consul. — Les brigands à Roanne et dans les environs. — Un fait divers de la chronique du Coteau. — Le souterrain de M. de Tardy. — Arrestation du chef des brigands.

L'Empire : Passage de Pie VII. — Dix années de guerre. — L'invasion ; les Autrichiens en Roannais. — Triple démonstration contre le Coteau. — La redoute du pont, ses défenseurs. — La capitulation. — Abandon de la redoute du pont. — M. Popule au château de Rhins. — Entrée des Autrichiens à Roanne.

La Restauration. — Le premier chemin de fer. — La ligne d'Andrézieux à Roanne (lisez : au Coteau). — Comment on allait du Coteau à Saint-Etienne en 1834. — Confortable, sécurité et rapidité du voyage. — Formation du Petit-Coteau. — Inauguration du pont sur la Loire, mai 1834.

Comme tous les grands événements politiques et militaires, la Révolution avait vivement surexcité les passions populaires. Cette surexcitation lui survécut et une des premières préoccupations du Consulat, puis de l'Empire, fut de rétablir l'ordre, afin de rendre au pays la tranquillité et la paix. Mais le rétablissement de l'ordre ne fut pas une chose facile, étant donné l'intensité des passions, les conflits d'intérêts et la grande quantité de gens sans aveu, cachés sous de faux noms dans les agglomérations urbaines et dans les campagnes reculées. Les criminels évadés, les insoumis au service militaire et les déserteurs alimentaient sans cesse cette armée du crime. La plupart de ces misérables incapables de travailler, ou dans l'impossibilité de le faire par suite de leur situation, demandaient au vol et à l'assassinat, des moyens d'existence. Ces brigands formaient des associations et, sous le nom de « chauffeurs », exploitèrent indifféremment les notables des villes et les pauvres gens des campagnes. Ici, usant de violence, ils « chauffaient les pieds de leurs victimes pour en tirer soit de l'argent, soit l'aveu des trésors cachés », d'où leur nom de « chauffeurs » ; là, ils obtenaient par des menaces de l'argent ou des aliments ; ailleurs, ils réclamaient par chantage de fortes sommes aux personnes riches, aisées, ou passant pour telles.

Pendant quelques mois, Roanne et les campagnes environnantes vécurent sous le régime de la Terreur. Dans chaque maison, on tremblait et, certes, avec raison, étant donné les menaces et les procédés des brigands. Dans les maisons voisines de la ville, le soir venu, on se renfermait avec soin, et, dans les fermes isolées, on barricadait les portes et on se mettait en état de résistance.

Du reste, les moyens employés par les brigands étaient variés. La petite bande qui opérait sur les communes d'Ouches et de Lentigny agissait par violence ; au nord de Roanne, et sur le territoire de Mably, des hommes barbouillés de suie et appelés pour cette raison les « nègres de Roanne », opéraient par persuasion ou par menace, alors que dans le canton de Saint-Symphorien-de-Lay un mystérieux malfaiteur agissait sur ses victimes par chantage et persuasion. Ce maître chanteur, qui opéra successivement à Lay, au château de la Verpillière et à Pradines, signait ses lettres du pseudonyme exotique de « Rio de Panama ». Dès la fin de 1801, il mettait la police roannaise en émoi.

Sur ces entrefaites, Bonaparte, Premier Consul, venant de Lyon et se rendant à Paris, arriva à Roanne. C'était dans les premiers jours de 1802 (30 pluviôse, an X). Le premier Consul voyageait dans une lourde berline qu'il occupait seul, avec Joséphine. Une escorte restreinte accompagnait la voiture.

Le cortège traversa le Coteau et se rendit dans l'Ile, où la municipalité roannaise, ayant à sa tête le maire M. Jars, le complimenta et lui présenta les hommages et « l'admiration » des habitants.

Bonaparte occupa des appartements mis à sa disposition par la ville qui lui offrit aussi un dîner préparé par le traiteur Vianney. Les actes officiels du temps nous ont conservé le menu de ce repas, dont le règlement souleva quelques difficultés entre le maire et le traiteur.

Voici ce menu : « 2 potages, 2 relevés de potage, 10 entrées, 2 grosses pièces de poisson, 4 plats de rots, 10 plats de douceur, 4 plats de légumes, plus 30 assiettes de dessert, 1 fromage à la glace, 20 bouteilles de vin ordinaire, 8 bouteilles de vin de Bourgogne ».

La nuit venue, des illuminations furent organisées en l'honneur de « l'Hôte illustre » qui daignait visiter la ville. Les monuments publics firent apparaître en traits de feu leurs lignes architecturales et la symétrie de leurs ouvertures. On remarqua surtout la belle ordonnance des lumières disposées sur la façade du vieux couvent des Capucins qui servait de Sous-Préfecture ; le Sous-Préfet de Roanne était alors M. Hue de la Blanche, ancien compagnon d'armes de Bonaparte, au régiment de la Fère.

Le lendemain Bonaparte quitta Roanne, non sans avoir remercié les autorités et les habitants de la réception qui lui avait été faite. Le Premier Consul était alors dans tout l'éclat de sa réputation militaire et de sa gloire. Douze ans plus tard, il devait de nouveau traverser Roanne et le Coteau, mais dans des circonstances bien différentes.

Trois mois après le passage de Bonaparte, le mystérieux Rio de Panama recommença ses exploits et ne craignit pas de s'adresser aux plus notables personnages du temps : Madame de Grosbois « en sa maison des Côtes », M. Huc de la Blanche, sous-préfet de Roanne, et M. Tardy, au château de Rhins.

Ce dernier fut invité par lettre, sous peine de mort, à déposer dans une cachette, en un lieu marqué d'une « serge verte », une forte somme en bon argent. M. Tardy, qui avait subi au cours de sa vie d'émigré nombre de vicissitudes, ne se laissa pas effrayer. Il déposa une plainte contre inconnu entre les mains du procureur du district de Roanne et se rendit auprès du sieur Palabost, lieutenant de gendarmerie afin de s'entendre pour opérer l'arrestation de l'insaisissable brigand.

Sans perdre de temps, le 13 nivôse an XI, le lieutenant Palabost se rendit au château de Rhins où résidait le sieur Tardy.

Il plaça pendant la journée un gendarme de garde dans la maison de Rhins, tandis que, pendant la nuit, deux autres gendarmes désignés surveillaient les abords de la maison et que les domestiques de Tardy veillaient sur le toit pour désigner quiconque s'approcherait du trou où l'on devait déposer la somme réclamée.

Pendant quinze jours, on fit ainsi le guet sans découvrir « l'auteur de la demande ».

L'idée était vraiment par trop simple et faisait peu d'honneur à l'imagination du représentant de la force publique.

Tardy fut plus ingénieux. Il fit un trou dans le fond de son jardin et perça une petite galerie par laquelle on pouvait communiquer avec la cachette que l'audacieux brigand avait désignée et qui devait être marquée d'un morceau de serge verte. Dans ce trou, on plaça un pistolet chargé à poudre, ainsi qu'une boîte aussi chargée ; on joignit à ces engins explosifs un sac d'une capacité à tenir mille écus, qu'on remplit de pierres et de sable et à l'orifice duquel on étala des gros sous. Le sac placé à l'endroit convenu, on le lia avec un fil de laiton qui, passant sous la galerie, venait s'attacher dans la cavité placée au fond du jardin, à la gâchette du pistolet. De la sorte, quand on saisirait le sac, le pistolet partirait, mettrait le feu à la boîte, et dénoncerait ainsi le voleur.

Le 4 ventôse, entre trois et quatre heures de l'après-midi, chacun étant à son poste, on entendit une forte détonation. On accourut et on arrêta un individu, âgé d'une cinquantaine d'années, légèrement voûté, blond, pâle, que l'on conduisit sur le champ en prison, où on le fouilla.

On le trouva porteur de lettres de menaces analogues à celles dont le parquet avait déjà été saisi, d'une écritoire en corne, du pistolet et du sac révélateur.

Interrogé, il déclara se nommer Zacharie Carret, être né à Villefranche et habiter Amplepuis.

Placé sous bonne escorte, on le conduisit ensuite au lieu de son domicile et l'on apprit qu'il avait acheté, pendant la Révolution, le château de Rébé, où il habitait.

C'était un homme qui vivait sans ressources connues et qui ne jouissait pas d'une excellente réputation.

La perquisition que l'on fit à son domicile amena la découverte des brouillons de toutes les lettres qu'il avait écrites.

Son interrogatoire fut long et minitieux. Il essaya d'abord de nier, refusant de reconnaitre pour siennes les lettres écrites en caractères majuscules et déclarant qu'il n'était allé au Pont-de-Rhins « que pour chercher des simples. »

Puis, pressé de questions, convaincu par des preuves accablantes, il finit par avouer. On lui découvrit une complice, une femme Jeanne Servan, habitant Mâcon, dont le domicile servait de repaire à tous les brigands des environs. On produisit même une série de lettres impérieuses que lui avait adressées cette femme et qui dénotaient chez elle une certaine influence sur les Chauffeurs.

Dès lors son affaire fut vite expédiée. La loi était formelle, on l'envoya réfléchir dans les galères impériales, sur l'inconvénient qu'il y avait à pratiquer trop ouvertement, en pleine époque de réaction autoritaire, des procédés révolutionnaires, et le Roannais, l'homme une fois parti, fut délivré de sa terreur et de ses craintes (1).

Le général Bonaparte qui avait rendu à la France son prestige à l'extérieur et rétabli l'ordre à l'intérieur, fut sacré empereur des Français par le Pape Pie VII, le 2 décembre 1804. En se rendant de Rome à Paris, Sa Sainteté avait traversé la France entre deux haies de peuple agenouillé, ainsi qu'elle le dit au cardinal Fesch, archevêque de Lyon. Pie VII traversa le Coteau dans la soirée du 29 brumaire et coucha à Roanne à l'hôtel de Livron (aujourd'hui la Sous-Préfecture) où des appartements lui avaient été réservés (2).

L'année suivante, retournant à Rome, le Souverain Pontife passa de nouveau par Roanne et le Coteau. L'escorte d'honneur, chargée d'accompagner Sa Sainteté, fut commandée par M. de Tardy, « ancien adjudant général » (3) (23 août 1805).

---

(1) Dumoulin, *En pays Roannais.*

(2) Les 29-30 brumaire 1804, Sa Sainteté devant passer à Roanne, le maire, M. de Contenson, arrête que le soir la ville sera illuminée et qu'un piquet de la garde nationale rendra les honneurs. *(Archives municipales de Roanne).*

(3) Le 4 fructidor an XIII (23 août 1805), une garde d'honneur est organisée pour faire escorte à Sa Sainteté, qui doit traverser Roanne en retournant à Rome ; M. de Tardy, ancien adjudant général, est

Après avoir pendant cinq ans versé leur sang pour la République, les enfants du Coteau le donnèrent généreusement pendant dix ans pour la cause de l'Empire ; puis, ce fut l'écrasement sous le nombre et l'invasion, Le Coteau joua alors un rôle stratégique de quelque importance, qu'il est intéressant de retracer d'après le travail si curieux de M. A. Chorgnon : *Roanne pendant l'invasion*.

Les Autrichiens pénétrèrent en France par la frontière de l'Est et le 21 mars 1814 occupèrent Lyon. De là, un corps d'armée fort de 12.000 hommes environ remonta vers le nord et occupa Tarare et Saint-Symphorien. Le 22, le général autrichien, comte Hardegg, établit son quartier général dans cette dernière localité, avec comme objectifs immédiats le passage de la Loire et l'occupation de Roanne.

Cependant les Roannais n'avaient pas attendu cette menace pour fortifier leur ville. Dès le milieu de mars, ils avaient établi deux redoutes sur la Loire ; l'une à l'entrée de la rue du Creux-Granger, l'autre en face du Coteau à l'éperon de l'Isle. Comme fortification avancée, ils avaient édifié au Coteau, à l'entrée du pont en construction, une forte barricade pourvue d'une pièce de canon.

Le 23 mars, la garde de ce poste était confiée à une demi-compagnie du 60e de ligne, sous les ordres de M. Deaddé, lorsqu'une forte avant-garde autrichienne pénétra dans la grande rue du Coteau avec le but évident de forcer le passage de la Loire. M. Deaddé raconte ainsi cet engagement « C'était la première garde que je montais comme officier... lorsqu'une colonne de cavalerie se présenta pour surprendre la ville avant le lever du soleil. Il n'y avait qu'une petite pièce de canon en batterie sur la route du faubourg du Coteau, couverte seulement par une barricade qui laissait d'un côté le passage libre. Cette pièce ne tira que deux ou trois coups à l'approche de l'ennemi qui, nous trouvant sur nos gardes, arrêta le gros de la colonne sur la route, en déployant seulement une centaine de cavaliers à sa droite, au bas du Coteau (1) comme s'ils avaient voulu nous tourner par notre gauche ; mais ils furent maintenus à distance par mes tirailleurs que j'avais embusqués dans quelques maisons du faubourg et derrière les blocs de pierre.... »

Au bruit du canon, de la fusillade et à l'appel de la générale, « les gardes nationaux accoururent en masse au Coteau, traînant une seconde pièce d'artillerie qu'on plaça en batterie à côté de la première, et se montrèrent très disposés à défendre le passage de la rivière.... »

---

nommé commandant de la garde d'honneur à cheval et M. Villard, ancien chef de bataillon d'artillerie, est nommé commandant de la garde d'honneur à pied.

(1) Il s'agit évidemment de la grande allée du château de Rhins qui débouchait sur la Loire, à Pincourt, et de la rue tortueuse qui porte ce nom.

En même temps était arrivé un fort détachement de la garnison avec le colonel Genty. « Les cavaliers, voyant la pièce si bien gardée se retirèrent peu à peu : à dix heures du matin, il n'y en avait plus en vue.

En prévision d'autres tentatives, on suréleva, dès le soir même, la barricade du Coteau avec les matériaux du pont, on pratiqua au devant une large et profonde tranchée et on doubla l'effectif du poste.

Sages précautions, car, les jours suivants, la garde nationale et la troupe, envoyées en reconnaissance, signalèrent dans les environs, sur le parcours de la route de Lyon, le passage ou la présence de nombreux éclaireurs ennemis qu'elles dissipèrent à coups de fusil. Il arriva même que des hussards vinrent parader en vue de Roanne, comme pour en braver les défenseurs.

Cette démonstration fut suivie de plusieurs autres ce qui décida un groupe de mariniers roannais à aller attaquer les Autrichiens jusque dans leur cantonnement. Le 26 mars, une cinquantaine d'entre eux se rendirent en armes à la Verpillière, surprirent un bataillon autrichien arrivé la veille, lui tuèrent quelques hommes et firent prisonniers six hussards qu'ils ramenèrent à Roanne (1). Ce hardi coup de mains eut un certain retentissement sous le nom d'« affaire de Saint-Symphorien, » et c'est pour commémorer cette affaire que la ville de Roanne a élevé sur la place de l'Hôtel-de-Ville le monument de 1914.

L'affaire de Saint-Symphorien ne diminua pas l'activité des Autrichiens. Dès le lendemain, des cavaliers firent leur apparition au Coteau, puis se retirèrent sans tirer un coup de feu. Quelques jours après, ils revinrent en plus grand nombre et firent mine de vouloir forcer la barricade et traverser le fleuve à Bachelard ; mais le commandant Faure, de garde ce jour-là à la barricade du pont, les accueillit par un feu de deux rangs si nourri qu'ils déguerpirent en toute hâte. Quant aux hussards, qui tentèrent le passage du fleuve en face du rivage, la plupart furent emportés par le courant, ou tués par d'habiles tireurs, embusqués à l'abri des « verdiaux ».

Toutes ces reconnaissances annonçaient une affaire décisive ; elle eut lieu le vendredi 8 avril. Ce jour là, dès la pointe du jour, les colonnes autrichiennes se mirent en marche, elles dessinèrent autour du Coteau un arc de cercle qui en se resserrant finit par s'établir

---

(1) Parmi les quarante-cinq Roannais qui allèrent à la Verpillière attaquer les Autrichiens, il faut signaler : J.-B. Thiodet, du Coteau, qui « armé d'un fusil double, tira un premier coup de feu et coucha dans la boue la sentinelle ennemie ».

Plusieurs autres noms paraissent appartenir à des volontaires domiciliés au Coteau, notamment : Bertillot Jacques, dit Raquelot, tambour ; Bertillot, dit Pain-Mollet, marinier, ancien militaire, et Falcot aîné, marchand.

au petit Coteau comme point central, avec Pincourt et Varennes aux deux extrémités.

Ces dispositions prises, le général Hardegg, selon l'usage du temps, envoya un parlementaire chargé de notifier aux autorités ses exigences. Celles-ci pouvaient se résumer ainsi : le pont serait laissé intact, les autorités livreraient les partisans de l'affaire de Saint-Symphorien, la ville serait occupée militairement et abandonnée pendant deux heures au pillage des soldats.

Monsieur Populle, alors maire, écouta avec sang-froid les dures propositions de l'ennemi, et fit observer qu'il était impossible de livrer les auteurs du coup de main de Saint-Symphorien, la plupart ayant quitté la ville, et qu'avant d'accorder deux heures de pillage, le tocsin sonnerait pendant deux heures, ce qui amènerait à Roanne vingt mille paysans des environs ; alors, on verrait !

Le parlementaire promit d'en référer au général en chef qui, trois heures plus tard, signait avec le colonel Genty, représentant la ville, une capitulation dont étaient exclues les conditions refusées par M. Populle.

Il était environ cinq heures du soir, lorsque le général Hardegg et le colonel Genty se furent mis d'accord.

Ils avaient convenu que l'armée autrichienne occuperait à sept heures du soir le faubourg du Coteau et la rive droite de la Loire, et que le lendemain matin, à huit heures, elle entrerait en ville.

A sept heures donc, le détachement roannais emmena ses deux pièces de canon et évacua la grande redoute du Coteau. Les Autrichiens en prirent possession et se répandirent le long de la rive droite, que bientôt les bivouacs bordèrent d'une ligne de feu. Tout à coup ils firent entendrent des cris, des clameurs furieuses, qui semblaient présager pour le lendemain un terrible déchaînement de violences. Des soldats même cherchèrent à s'introduire en ville par le pont, mais en prévision de cette tentative, on avait eu la sage précaution, de rendre impossible le passage en ôtant presque tous les madriers (1) des deux premières travées.

Alors un bruit sinistre se propagea en ville : on dit que le général autrichien, manquant à sa parole, n'a pu refuser à ses soldats le pillage qu'il leur avait peut-être fait espérer. On a vu les militaires de la garnison se préparer à partir avec les pièces de canons ; ils ont déjà abandonné les postes : la ville est donc sans défense ; « la nuit régnait, et avec elle le trouble et la consternation. »

M. Populle voulant mettre fin à cette poignante anxiété propose au conseil, qui siège en permanence, de déléguer un de ses membres

(1) Deux travées du pont étaient encore inachevées ; mais afin d'utiliser le passage, on avait jeté, entre les piles, de longues poutres de bois qui permettaient ainsi communication entre les deux rives.

auprès du général afin d'en obtenir des explications. Tous les regards, toutes les mains le désignent. Il accepte, le voilà prêt, il part ceint de son écharpe, il se présente à l'entrée du pont, il fait annoncer sa mission par un roulement de tambour et le déploiement du drapeau parlementaire. Et c'est sur un madrier vacillant, à la lueur d'une torche, qu'il franchit le fleuve, au risque de tomber dans l'abîme ouvert sous ses pas.

Mais un autre péril l'attendait : au moment où il parut sur la chaussée, entre l'Ile et le Coteau, la sentinelle, se refusant à lui reconnaître le caractère de parlementaire, le mit en joue... Heureusement, l'officier chef de poste intervint aussitôt et le fit conduire au château de Tardy, où le général résidait avec son état-major.

M. Populle fut reçu avec les plus grands égards. « Général, dit-il « en substance, la convention qui nous lie n'a pas été formulée par « écrit ; mais, à défaut de signature, elle repose sur votre parole, la « parole d'un homme d'honneur ; cela me suffit. Vous le savez, la « ville de Roanne a consenti à livrer passage à votre armée, à la « condition que les personnes et les propriétés seraient respectées. « Eh bien, j'ai entendu et je viens d'entendre encore les clameurs et « les vociférations de vos soldats : ce sont des menaces qu'ils comptent « sans doute réaliser demain par le pillage. Je fais appel à votre « loyauté et vous demande si vos officiers pourront les maintenir « dans l'ordre. Si vous ne pouvez me le garantir, je rentre en ville « et aussitôt je ferai rompre le pont de bois et je prendrai, comme « c'est mon devoir de maire, toutes les mesures que je croirai de « nature à sauvegarder la vie et les biens de mes concitoyens... »

Le général aurait répondu : « Rassurez-vous, Monsieur le maire. « Vous avez raison de vous fier à ma parole : je n'y ai jamais man- « qué. Le pillage n'aura pas lieu. J'ai donné à cet égard les ordres « les plus formels. Mes soldats le savent et c'est pour cela qu'ils « manifestent leur mécontentement. Mais ils se calmeront et, quand « le tambour et la trompette auront donné le signal de la retraite, « tous rentreront dans l'ordre. Demain, ils se comporteront en soldats « disciplinés, et vous n'aurez, Monsieur le maire, pas le moindre « reproche à m'adresser à leur sujet. »

Par son énergie et sa franchise, M. Populle avait gagné l'estime du comte Hardegg, qui eut l'occasion d'en témoigner bien longtemps après.

M. Populle se retira satisfait. Sous la protection d'une escorte, il traversa les groupes ennemis, où l'accueillirent, au milieu des murmures, les cris haineusement proférés de « bourgmestre ! bourgmestre ! ». Avaient-ils deviné, ou savaient-ils déjà que le « bourgmestre » emportait avec lui l'assurance que la ville ne serait pas livrée au pillage ?

M. Populle a franchi le pont. La foule l'attendait anxieuse... « Pas de pillage, mes enfants ! » Porté pour ainsi dire en triomphe, il arriva à la mairie où les conseillers municipaux réunis le félicitèrent chaleureusement d'avoir rempli sa mission avec tant de dévouement et de succès (1). *(Roanne pendant l'invasion).*

Le lendemain, samedi 9 avril, veille de Pâques, les Autrichiens firent leur entrée à Roanne, ne laissant au Coteau qu'un détachement de 30 cavaliers, destinés à assurer la sécurité de plusieurs bataillons d'infanterie, envoyés comme renfort au général Hardegg. Quelques jours après, ces cavaliers ayant rempli leur mission, allèrent rejoindre en Auvergne le gros de la cavalerie autrichienne. Cependant, des détachements ennemis occupèrent encore à deux reprises le Coteau et Varennes, à l'effet d'y lever de fortes réquisitions .

Moins de quinze jours après l'entrée des Autrichiens à Roanne, le 22 avril, une chaise de poste amenait à Roanne l'ex-empereur Napoléon reconnu désormais comme souverain de l'Ile d'Elbe. La lourde voiture pénétra à Roanne par le « grand chemin » et la rue Mably, traversa la ville et vint s'arrêter à l'hôtel de la Poste, situé à l'entrée de la rue Nationale, sur l'emplacement actuel du café du Bosquet. L'empereur y passa la nuit pendant laquelle arrivèrent toutes les autres voitures de son escorte.

Le cortège repartit le lendemain et se trouvait ainsi composé lorsqu'il traversa le Coteau. En tête, venaient deux piqueurs suivis immédiatement de la « dormeuse » de l'empereur, attelée de six chevaux. Un piquet de hussards autrichiens l'accompagnait ; mais Napoléon n'avait pas fait cinq cents mètres au-delà de Roanne qu'il sollicita le renvoi du détachement.

Treize autres voitures suivaient la dormeuse impériale, elles portaient Drouot, Bertrand, le commandant polonais Jerzmanowski, le trésorier Peyrusse, un médecin, un pharmacien, un secrétaire, un régisseur, deux fourriers du palais, deux valets de chambre, deux cuisiniers, un maréchal-ferrant, une demi-douzaine de domestiques, valets de pied et palefreniers. Enfin, dans un dernier carrosse, se trouvaient les quatre commissaires étrangers chargés de conduire le souverain déchu à l'Ile d'Elbe : le feld-maréchal autrichien Koller, le

---

(1) Il est intéressant pour l'histoire du Coteau de connaître les motifs qui décidèrent le général Hardegg à accepter les propositions de M. Populle. Voici comment il s'exprime dans un rapport adressé au prince de Hesse-Hombourg : « ... Tout d'abord, je me rendis compte que l'attaque coûterait quelques centaines d'hommes et que, de plus, le pont qui est jusqu'ici l'unique passage pour l'infanterie, la cavalerie et l'artillerie, serait perdu.

« ...J'ai cru devoir accepter cette capitulation d'autant plus volontiers qu'il ne fallait pas compter sur une diversion du côté de Montbrison... d'autre part, je ne pouvais faire relativement que peu de mal à l'ennemi abrité par des tranchées et des murs, et j'aurais perdu tout l'avantage que me donne la conservation du pont intact, de poursuivre l'ennemi en retraite... »

général russe Schouwaloff, le général prussien Waldburg-Truchsess et le colonel anglais sir Neil Campbell.

Le cortège prit la route de Lyon et au delà du Bas-de-Rhins s'engagea sous les grands arbres qui bordaient alors la route de l'Hôpital. On raconte qu'au bas de Pradines, Napoléon fit ralentir la marche de la voiture afin de considérer quelques instants le monastère où sa mère et le cardinal Fesch avaient reçu l'hospitalité. La rigueur des ordres donnés aux commissaires chargés de la surveillance de Napoléon leur avait empêché de ménager une entrevue entre le fils et la mère.

Tels sont les faits qui constituent la chronique militaire du Coteau ; il faut souhaiter que l'avenir n'y ajoute aucun feuillet.

Pendant vingt années de guerre, le Coteau avait été sans cesse traversé par de nombreux convois militaires ; lorsque vint la paix, à la Restauration des Bourbons, la grande route reprit une vie nouvelle et le « roulage », comme on disait alors, redevint intense dans cette localité. Depuis quinze ans, gens de poste et charretiers remplissaient la grande rue de cris et d'appels, lorsque l'invention d'un nouveau moyen de locomotion vint offrir au Coteau un développement et une prospérité inattendus ; il s'agit de l'établissement du chemin de fer d'Andrézieux à Roanne.

Peu de temps avant la chute de Napoléon, au début de l'année 1814, un ingénieur de la Loire, M. Moissan Desroches, avait adressé à l'empereur un mémoire sur la possibilité d'abréger les distances en sillonnant l'Empire de sept grandes voies ferrées. Mais Napoléon avait, à cette heure, d'autres soucis plus pressants.

L'idée fut reprise, en 1821, par l'ingénieur Beaunier, qui s'associa à quelques propriétaires de mines pour demander au gouvernement l'autorisation d'établir à leurs frais un chemin de fer à plans inclinés « de la Loire au pont de l'Ane, sur la rivière de Furens ».

Louis XVIII accorda la concession demandée par une ordonnance en date du 26 février 1823, et l'année suivante (3 et 4 juin 1824) les concessionnaires formaient une Société anonyme dite « Compagnie du chemin de fer de Saint-Etienne à la Loire ».

La voie fut ouverte le 1er octobre 1828 de Saint-Etienne à Andrézieux. Ce fut le premier chemin de fer construit en France.

La ligne était à une seule voie, avec des garages de distance en distance pour le croisement des trains. Les rails étaient en fonte, ainsi que les coussinets, qui étaient fixés sur des dés en pierre.

L'année suivante, l'autorité royale concédait à une compagnie l'autorisation d'établir un chemin de fer d'Andrézieux à Roanne, lisez : au Coteau.

La construction de la nouvelle ligne, en tout semblable à la précédente, dura cinq ans ; elle ne fut achevée et livrée à l'exploitation dans toute son étendue qu'en février 1834. Le parcours de la nouvelle ligne était de 17 lieues et son prix de revient s'était élevé à 8.500.000 fr. environ.

Différents moyens de traction étaient utilisés sur le parcours de la voie. En quittant le Coteau, le halage était fait par des chevaux attelés chacun à trois wagons ; au bas de la côte de Neulise, la traction mécanique était substituée à la traction animale, car au sommet de la côte était installé un treuil autour duquel s'enroulait une corde qui remorquait les wagons. A partir de ce point, ceux-ci dévalaient par leur propre poids jusqu'au bas du versant opposé où reprenait le halage par les chevaux jusqu'à Andrézieux.

Au début, le chemin de fer ne transportait que de la houille. Bientôt, on accepta quelques voyageurs. Ceux-ci montaient dans des chariots à ciel ouvert, semblables à nos fourgons de ballast d'aujourd'hui, qu'on attelait en queue des wagons de houille. Ils s'y asseyaient sur de dures banquettes de bois et devaient ouvrir leurs parapluies, même en temps serein, pour se garantir des escarbilles et des flammèches.

Un voyage en de telles conditions était si peu confortable que le peuple seul osait l'affronter à l'origine, comme l'atteste un rapport du temps. Il fallait en effet un singulier mépris du confortable, voire même de la vie, pour livrer sa personne aux dangers que faisait courir le nouveau moyen de locomotion. Un contemporain qui, en 1835, prit le train au Coteau, écrit : « On prend le chemin de fer à un quart de lieue de la ville de Roanne. On va jusqu'à la Fouillouse dans des espèces d'omnibus où quelquefois on entasse jusqu'à 40 ou 50 voyageurs. » Ceux-ci doivent subir sans broncher les arrêts subits, une trépidation perpétuelle « à rendre fou le plus calme des mortels, la poussière du chemin, sans parler d'une suie noire et nauséabonde que vomit sans cesse la cheminée de la machine. »

Encore étaient-ce là les moindres inconvénients affrontés par les malheureux voyageurs, car un docteur du temps, et non des moindres, les menaçait des maux les plus terribles. Il assurait en effet « que la trépidation continue du train amènerait des affections nerveuses et épileptiques ; que l'anxiété perpétuelle où vivaient les voyageurs dérangerait leurs cerveaux ; que la poussière et la fumée qu'ils seraient contraints d'avaler leur occasionneraient des bronchites et des adhérences de la plèvre. Enfin, que la trop rapide succession des images amènerait infailliblement des lésions de la rétine. »

Quel courage ne fallait-il pas pour mépriser de telles menaces et affronter sans cesse la mort. Voici, en effet, ce qu'écrivait en 1839 l'ingénieur Marc Seguin, inventeur de la machine tubulaire et qui, le premier, substitua la traction mécanique à la traction animale : « Ce qui est surprenant, c'est l'audacieuse témérité des premiers qui se sont confiés à ces terribles moteurs... Chaque voiture renfermait un certain nombre de voyageurs qui se donnaient mutuellement du courage, et ils oubliaient que le moindre dérangement de ces puissantes machines serait pour tous le signal d'une mort terrible et inévitable ».

Sachant qu'à cette date, les mécaniciens avaient défense absolue de dépasser cinq lieues à l'heure, en quelque cas que ce fût, nous sommes portés à sourire un peu de « l'héroïsme » de ces premiers voyageurs. Mais songeons, pour être juste envers eux, que si le danger réel qu'ils affrontaient n'était pas considérable, ils bravaient un danger imaginaire cent fois plus terrible, et concluons que la génération de 1830 fut vraiment courageuse.

Elle était aussi plus patiente que la nôtre, qui se grise de vitesse. « Notre voyage, écrit un contemporain, se fit du Coteau à Andrézieux par le nouveau chemin de fer de la Loire. Il y avait là tous les moyens de locomotion réunis : on allait tantôt en locomotive, tantôt avec des chevaux, plus loin; on était remorqué par des cordages jusqu'au sommet d'une montée, d'où l'on redescendait de l'autre côté en montagne russe. En plaine, par locomotive ou chevaux, on fait deux lieues à l'heure et sur le plan incliné, on fait une lieue et demie en 6 à 8 minutes. » A 2 lieues à l'heure, on mettait donc 9 heures et demie pour parcourir en chemin de fer la distance qui séparait le Coteau de Saint-Etienne.

C'était là cependant un véritable progrès et nos pères le célébraient en chantant :

Vive le ch'min de fer !
C'est un éclair.
.. ..
A l'envi prenant leurs vacances,
De leur métier, tant soit peu las,
Tous les chevaux des diligences
Vont désormais croiser les bras.
O merveille sans pareille !
Comme l'éclair on fend l'air.
Vivent les chemins de fer ! (1)

L'avenir devait réserver un prodigieux développement à la nouvelle invention et le Coteau devait singulièrement profiter de ce développement.

Pendant que le chemin de fer d'Andrézieux au Coteau donnait naissance au petit Coteau où il aboutissait (2), l'entrée du grand

---

(1) Nous empruntons ces détails à un intéressant ouvrage publié par la Compagnie Paris-Lyon-Méditerranée : *Hommes et choses du P.-L.-M.*, hommage à ceux qui ont créé, amélioré et développé cette œuvre, devenue un des instruments industriels les plus puissants qui soient en France.

(2) La gare du Coteau, point terminus de cette ligne, était construite en bordure de la route de Lyon, sur le terrain libre compris entre le chemin de la gare des marchandises et l'allée actuelle de la gare. Vers 1875, cette construction étant devenue inutile, elle fut démolie et ses matériaux mis en vente ; ils ont été utilisés depuis à l'édification de la maison qui sert actuellement de caserne de gendarmerie, au bas du bourg de Perreux.

Coteau et les quais des Balmes et de Pincourt recevaient d'importantes améliorations (1), grâce à l'inauguration du pont de pierre construit sur la Loire. Ce travail qui n'avait pas duré moins de 42 ans et coûté 3.500.000 francs, fut achevé en mai 1834.

---

(1) Un artiste anonyme, qui visita le Coteau et Roanne en 1833, a tracé ses impressions de voyage qui, bien que peu flatteuses, méritent d'être reproduites. Notre voyageur venait de Lyon. « On arrive à Roanne par un faubourg (Le Coteau) dont les maisons sont petites et assez mal bâties...

« La Loire se divisait en deux branches et formait une île habitée, jointe aux deux bords par un pont en bois qui, à en juger par ce qui reste, devait être hideux. On a remplacé la partie qui joint l'île au faubourg par un superbe pont en pierre.

« On était en train de construire un quai sur la rive de l'île, et on avait pour faciliter les opérations de terrassage (sic) établi deux chemins en fer sous les arches du pont. Une jetée provisoire réduisait le cours de la Loire aux premières arches du pont, afin d'empêcher l'eau de nuire aux travailleurs. L'ancien pont avait été comblé d'un côté. L'autre laissait voir le monument dans toute sa beauté native. Des bateaux chargés de charbon de terre, et d'autres en réparation allaient gissans (sic) dans l'espèce de havre que formait la seconde branche du fleuve dont le cours se trouvait arrêté de ce côté par le comblement du pont de bois. La Loire était loin d'être belle. Ses eaux retirées et stagnantes dans tous les endroits où l'on travaillait laissaient voir un fond fangeux et pierreux en même temps... »

Cette description donne, semble-t-il, une idée assez exacte de l'aspect que présentait cette partie du Coteau quelques mois avant l'inauguration du pont.

CHAPITRE V

La paroisse et l'église. — Premières démarches pour la création d'une paroisse comprenant l'Ile et le Coteau, 1744. — Pétition conditionnelle des habitants de l'Ile et du Coteau, après le Concordat, 1803. — Raisons qui déterminèrent la création d'un groupement religieux au Coteau. — M. Rigaud en est chargé avec le titre de vicaire de Parigny, 1834. — L'église, le presbytère et le cimetière. — Le Coteau est érigé en paroisse, 1836. — Les premières écoles, La Providence, 1841.

Le Coteau, sous la Monarchie de Juillet : postillons, rouliers et voituriers. — Les hôtels de la Madeleine, de l'Etoile, de l'Ancre et l'hôtel du Lion d'Or, tenu par le sieur Pomey. — Changement d'aspect après 1850.

Les successeurs de M. Rigaud : MM. Botton, Grataloup, Bouiller, Vignon, Célard et Juban. — L'église du Coteau : description, chapelles, état actuel.

Les premières démarches faites en faveur de l'érection d'une paroisse sur la rive droite de la Loire et englobant l'Isle et le Coteau, sont antérieures de près d'un siècle à la réalisation de ce projet. Voici à quelle occasion elles eurent lieu.

En 1720, deux notables roannais, les sieurs Chassain et Jars « commissionnaires par eau », firent contruire dans le quartier de l'Isle, une chapelle en l'honneur de Saint Nicolas, patron des mariniers. Les années suivantes, la chapelle fut pourvue du mobilier et des ornements nécessaires pour la célébration du service divin et flanquée de deux petites constructions basses, destinées à servir de sacristie et de « chambre au prébendier ». Le service divin fut ensuite organisé dans la chapelle et rempli par un prêtre sociétaire de Roanne et parfois par un religieux capucin.

Les habitants de l'Isle et du Coteau se contentèrent de ce service jusqu'en 1744. A cette époque, « les plus notables d'entre eux » et notamment : les sieurs Chassain, Dubois et Tamisier « représentant la communauté des habitants de l'Isle et du Coteau », estimèrent que le récent accroissement de ces deux quartiers justifiait la création d'un service paroissial régulier. En conséquence, au printemps de l'année 1744. ils adressèrent à l'archevêque de Lyon une supplique, dans le but d'obtenir la création d'une paroisse ou du moins l'établissement d'un service religieux régulier. La chapelle Saint Nicolas de l'Isle devait être érigée en église paroissiale ou en chapelle vicariale, annexe de l'église Saint Etienne de Roanne.

L'administration du cardinal de Tencin, archevêque de Lyon, accueillit favorablement la demande des habitants de l'Isle et du Coteau et, le 28 avril 1744, rendit une ordonnance prescrivant l'enquête nécessaire à l'érection de la future paroisse. Cette enquête eut lieu le 16 juillet suivant, elle avait un double objet : recevoir et enregistrer les dépositions des suppliants et des opposants ; enfin dresser procès-verbal descriptif et estimatif des lieux et des personnes qui devaient faire partie de la future paroisse. De la première partie il n'y a rien à retenir, la plupart des opposants intéressés ne s'étant pas présentés; mais il faut citer le procès-verbal de la seconde, dans lequel messire Rostain, curé de Saint-Cyr-de-Favières et commissaire de l'administration diocésaine, décrit les lieux et fait connaître une entreprise et un personnage dont il a déjà été question. Voici le texte de ce procès verbal.

« Nous, commissaires susdits... avons trouvé que la rivière de Loire sépare le quartier de l'Isle, le Coteau, de la ville et paroisse de Roanne ; qu'il y a environ un quart d'heure et demi de chemin de l'église paroissiale de Saint Etienne de Roanne jusqu'au pont (1) où l'on passe ladite rivière pour aller dans ladite Isle, et que de ladite Isle, pour aller aux dites mêmes limites, il y a pour une grande demie heure de chemin ; que le quartier du Coteau n'est séparé de celui de l'Isle que par un espace de terrain peu considérable, où une partie des eaux de la rivière de Loire a passé autrefois ; qu'il n'y a dans lesdits lieux de l'Isle et du Coteau aucune communauté régulière, ni chapelle, que celle qui se trouve auprès du pont de l'Isle, qui a été bastie depuis environ vingt-deux ans par les habitants de l'Isle, qui sont les sieurs Chassain et Jars ; laquelle chapelle est de soixante pieds de longueur, sans y comprendre la sacristie, et de vingt-un pieds de largeur ; que nous avons trouvée duement ornée, le Saint-Sacrement y reposant ; les fenêtres suffisamment barrées et vitrées; y avons trouvé une lampe ardente devant le Saint-Sacrement.

« Et enfin que ladite sacristie a des ornements suffisants pour dire la sainte messe, lesquels ornements sont renfermés dans des armoires en menuiserie nouvellement faites...

« Puis avons suivi toutes les maisons de ladite Isle de Roanne et celles du Coteau et les domaines dépendants de ladite partie de l'Isle où s'y est trouvé 568 communiants et de non communiants 333.

« Le sieur Petel, requiert qu'il nous plaise vouloir entrer dans la

---

(1) Le pont sur la Loire se trouvait alors à l'extrémité de la rue des Minimes.

maison appelée Couzon (1), dépendante de l'Isle de Roanne, pour s'y informer du nombre des communiants à cause de l'établissement d'une verrerie qui s'y fait depuis quelques mois ; auxquelles réquisitions, nous commissaires susdits avec lesdits dessus comparants, sommes entrés dans ladite maison appelée Couzon où s'y est trouvé le sieur de Clerbois, entrepreneur de ladite verrerie, qui nous a dit que quant à présent il y a trente commūniants qui travaillent à établir ladite verrerie et que lorsqu'elle sera parfaite, ce qui peut être à la fin de l'année, il y aura environ deux cents communiants, ce qui forme, quant à présent, 598 communiants et 333 non communiants... »

Certaines influences et la faillite de la verrerie du Coteau empêchèrent de donner suite au projet.

Pendant soixante ans, il ne fut plus question de créer une paroisse sur la rive droite de la Loire. Cependant, en 1803, sur le bruit que la succursale nouvellement créée dans la chapelle des Minimes, allait être déplacée, plusieurs notables de l'Isle et du Coteau adressèrent une pétition au cardinal Fesch, alors archevêque de Lyon, pour empêcher ce déplacement ou, s'il avait lieu, demander l'érection d'un centre religieux dans l'Isle ou au Coteau « éloigné d une grande lieue de l'église de Parigny dont il dépend. »

La « succursale » de Notre-Dame des Victoires n'ayant pas été déplacée, il ne fut pas donné suite à la demande des pétitionnaires.

Toutefois, en raison de la distance qui séparait les habitants du Coteau de l'église de Parigny, le 30 septembre 1807, l'administration diocésaine autorisa les curés de Notre-Dame des Victoires et de Parigny à conclure un accord en vertu duquel « le Coteau fut soustrait à la juridiction du curé de Parigny et réuni spirituellement (sic) à la paroisse de Notre-Dame des Victoires » (2). Il en fut ainsi pendant vingt ans.

En 1827, la municipalité de Roanne sollicita, pour la troisième fois, l'autorisation d'annexer le Coteau à la ville. Elle justifiait sa demande en alléguant que les habitants du Coteau jouissaient de tous les avantages (3) de la ville, sans en avoir les charges et les inconvénients.

La demande de la ville de Roanne ne fut pas acceptée, mais elle excita une vive agitation au Coteau. Monsieur le marquis de Tardy

---

(1) On se rappelle que c'est dans la maison Couzon (aujourd'hui le château de Rhins) que fut assassiné en 1659 un page du cardinal Mazarin. (Voyez chapitre I : passage de Louis XIV à Parigny).

(2) La convention n'entra en vigueur que le 12 mars 1808, après un arrêté des vicaires généraux portant approbation de l'administration diocésaine.

(3) Le mémoire porte que « les enfants du Coteau fréquentent les écoles gratuites de la ville et que les habitants du Coteau suivent régulièrement les offices de Notre-Dame des Victoires, et reçoivent la sépulture dans le cimetière de Roanne. »

prit alors l'initiative de convoquer quelques habitants notables, à l'effet de s'entendre pour la création d'un centre religieux, en faveur duquel il déclarait donner gratuitement « le terrain de l'église avec une place autour et les emplacements nécessaires pour le presbytère et le cimetière. »

Projet et donations furent acceptés à l'unanimité et une souscription aussitôt organisée rapporta 10.000 francs. On se mit à l'œuvre et bientôt les murs de l'église s'élevèrent à cinq ou six mètres au-dessus du sol. Faute de ressources, ils restèrent dans cet état pendant cinq ans, jusqu'en 1833, date à laquelle une nouvelle souscription donna les fonds pour achever le gros œuvre de l'édifice (1).

Le 2 juin 1834, l'administration diocésaine de Lyon chargea du nouveau groupement religieux M. l'abbé Antoine Rigaud (2), alors vicaire de Notre-Dame des Victoires à Roanne. Toutefois, comme le Coteau n'était pas encore érigé en paroisse, le nouveau pasteur ne reçut que le titre de « vicaire de Parigny », et comme il n'avait pas de presbytère, il dut accepter l'hospitalité au château de Rhins.

L'église du Coteau, dédiée à Saint Marc, patron de M. le marquis de Tardy, fut bénite et inaugurée le 24 juin suivant. Cette cérémonie fut l'occasion d'une grande fête, au début de laquelle les murs de l'édifice, enguirlandés et fleuris, furent bénits par M. Rigaud, et la première messe célébrée par M. Lerailler, curé de la paroisse Saint-Rémy, à Amiens (3). Plusieurs milliers de personnes visitèrent ce jour là le nouveau sanctuaire et M. le marquis de Tardy, littéra-

---

(1) D'après un mémoire adressé au conseil municipal du Coteau, le 11 février 1849, par M. Rigaud, curé, et les membres du conseil de fabrique.

(2) M. Rigaud naquit à Boën le 27 septembre 1799. Il fut ordonné prêtre le 27 juillet 1823. Nommé vicaire à St-Symphorien-de-Lay le 8 août 1823, il fut ensuite envoyé à Beaujeu pour y remplir les mêmes fonctions le 15 juillet 1825, puis à Notre-Dame des Victoires, à Roanne, le 10 novembre 1832.

(3) On lit dans les registres paroissiaux :

« L'an mil huit cent trente-quatre et le vingt-quatre juin, je soussigné premier desservant de l'église Saint-Marc, Coteau de Roanne, désigné par Monseigneur Jean-Paul-Gaston de Pins, administrateur apostolique du diocèse de Lyon, pour établir le culte dans la dite église, en qualité de vicaire de Parigny, ai béni, vu la délégation nécessaire, la nef latérale du midi, les deux autres n'étant pas encore finies. La bénédiction a été suivie de la célébration de la première messe par M. Lerailler, curé d'Amiens. La cérémonie a été terminée par le chant du *Te Deum*, suivi d'une seconde messe en action de grâces. Dès ce jour, j'ai commencé, dans la dite église, l'exercice du culte divin.

En foi de quoi j'ai consigné ici le présent procès-verbal.

Signé : Rigaud, desservant. »

teur estimé, publia, dans les journaux du temps, une pièce de vers célébrant sa dédicace (1).

Il faut reconnaître que la situation de M. Rigaud était assez singulière, car il devenait curé d'une paroisse dont l'église était inachevée, dépourvue de presbytère et dotée d'un cimetière dont les murs de clôture n'étaient pas terminés (2).

Il se mit courageusement à l'œuvre et eut bientôt réuni la somme nécessaire à la construction du presbytère. C'est à la suite de cette construction que le Coteau fut officiellement érigé en paroisse, le 13 décembre 1836 (3).

A cette époque, comme aujourd'hui, l'instruction des enfants était au premier rang des préoccupations et, dès son arrivée, M. Rigaud eut soin d'intéresser ses paroissiens à cette œuvre. En décembre 1837, ayant déjà réuni 5.000 francs, somme importante pour le temps, il provoqua une souscription qui fit plus que doubler cette somme. Les noms des principaux souscripteurs : de Tardy, de Rainneville, Brissat, Bouchard, Rochard aîné, Charles Legrand, Pomey, Gonthier père, adjoint, Dozance, J. Dalléry, Ressort et Sarrasin, ne sont pas encore complètement oubliés. Ces ressources permirent plus tard à M. Rigaud d'obtenir deux frères des Ecoles chrétiennes qui vinrent chaque jour de Roanne instruire les enfants du Coteau.

L'instruction des petits garçons n'était encore ni établie ni assurée, que déjà le pasteur se préoccupait de l'éducation des petites filles.

Dans ce but, il s'entendit avec M. le marquis de Tardy qui avait

---

(1) Le plan de l'église du Coteau avait été dressé par M. Lesaule, agent-voyer principal à Roanne, et les travaux furent exécutés par l'entrepreneur C. Chanudet, le père Claude, comme on disait familièrement.

(2) Le cimetière fut bénit par M. Rigaud le 5 décembre 1834 ; voici en quels termes il a consigné cet événement dans les registres de la paroisse :

« L'an mil huit cent trente-quatre, et le 5 décembre, a eu lieu la bénédiction solennelle et publique du nouveau cimetière de la paroisse Saint-Marc. Elle a été donnée par nous, desservant soussigné, autorisé par Monseigneur l'archevêque de Pins, administrateur du diocèse de Lyon. RIGAUD, desservant. »

La première inhumation eut lieu le 9 décembre 1834, jour où fut inhumé le sieur Vincent Tréard. Il résulte de ce fait que si, selon un usage constant, on donnait au cimetière du Coteau le nom du patron de la première personne enterrée, notre nécropole devrait s'appeler : cimetière Saint-Vincent.

(3) Les membres du premier conseil de fabrique, collaborateurs assidus de M. Rigaud, furent : MM. Louis Chervet, Jean-Baptiste Pomey, Claude Rochard, Pierre Bouchard et Jean-Marie Dozance. Dans la suite, deux membres décédés furent remplacés par MM. Goutier et Lièvre (Mémoire de 1849).

déjà manifesté l'intention d'établir au Coteau une maison de Filles de la Charité de Saint-Vincent-de-Paul, afin que cette communauté s'occupât à la fois du soulagement des pauvres, des malades, des vieillards et de l'éducation des jeunes filles de la paroisse. Ces grandes pensées furent réalisées, en 1841, par la création de l'établissement de la Providence. On sait que depuis, les Filles de la Charité ont dû renoncer à l'enseignement ; mais elles continuent, au milieu de nous, à remplir leur rôle charitable, but de leur institut.

Cependant, l'organisation de la paroisse et la création des œuvres de charité et d'enseignement n'absorbaient pas l'activité de M. Rigaud. Prêtre d'une piété éclairée, il savait que les confréries et les associations pieuses entretiennent le feu sacré et la ferveur dans une paroisse. C'est pourquoi il établit successivement les confréries du Saint-Sacrement, des Enfants de Marie et du Rosaire. Cette dernière devint même si florissante qu'en 1844 elle ne comptait pas moins de 243 membres, c'est-à-dire plus du tiers des paroissiens. C'est à cette association que fut confié le soin d'entretenir l'autel de la Vierge et d'embellir sa chapelle, qui fut alors dotée d'une boiserie en harmonie avec celle du chœur.

Au cours des années suivantes, M. Rigaud compléta son œuvre ; il fit terminer le clocher, resté à la hauteur de l'église, et le meubla de deux cloches, puis il enrichit l'intérieur de l'édifice d'une chaire et de plusieurs statues.

Cependant, sa principale préoccupation et sa tâche la plus pénible fut de mettre en harmonie ces créations religieuses avec les intérêts de la commune.

Ce ne fut pas toujours une tâche facile, car l'érection de la paroisse ayant précédé celle de la commune, l'administration religieuse avait dû créer de toutes pièces des organes dont la charge revenait en partie à l'autorité civile ; mais toutes les difficultés furent aplanies, grâce à son esprit de conciliation et à sa droiture, ainsi qu'à la bonne volonté de tous (1).

Monsieur Rigaud administra la paroisse du Coteau jusqu'au 1er mars 1857, date à laquelle il fut nommé curé archiprêtre du Bois d'Oingt, où il mourut, le 1er septembre 1880. Sa vie administrative

---

(1) Dans un mémoire adressé au conseil municipal du Coteau, en 1849, il est dit :

« En 1827, pour se soustraire à la pression intéressée de la ville de Roanne, les habitants du Coteau résolurent de créer un groupement religieux. En conséquence, ils chargèrent quelques-uns d'entre eux de réunir des souscriptions volontaires et bientôt ces souscriptions formèrent une somme assez élevée pour commencer les travaux. M. le marquis de Tardy donna l'emplacement de l'église, une place à l'entour, le terrain convenable pour la construction d'un presbytère, et enfin celui d'un cimetière.... »

se partage ainsi en deux parties : 23 ans au Coteau, et autant au Bois d'Oingt. Pendant son séjour au Coteau, il avait vu changer presque complètement la physionomie et la vie de cette localité.

En effet, lorsque M. Rigaud était venu au Coteau, cette localité vivait de la grande route et, comme le dit un mémoire du temps, « les hôtels et les cabarets y abondaient. »

En 1834, les diligences sillonnaient encore nos routes. C'étaient d'énormes et lourdes machines, bruyantes, sonores et poudreuses, avec des grappes de voyageurs et de petites montagnes de colis ; tout en haut, le postillon, en veste courte, culotte blanche et bottes géantes, le chapeau de cuir baissé sur les yeux, excitant ses chevaux par des cris brefs et gutturaux, ou de secs claquements de langue. Lorsque la lourde machine pénétrait dans la grande rue, les cris stridents, les claquements du fouet redoublaient et, augmentés du grincement des roues et des sonnailles furieuses des grelots, appelaient les habitants sur le seuil de leur porte. Alors s'amorçaient d'interminables conversations sur les voyageurs qui passaient, les lieux qu'ils fréquentaient, les événements et les potins du jour.

Après le postillon, le seigneur du lieu était le roulier. La tête couverte d'un feutre, déformé par les vents et décoloré par les ondées et les rayons du soleil, il était vêtu d'une ample limousine et chaussé de hautes bottes, toujours couvertes de poussière ou de boue. Toutefois, bien que moins lointaine, sa silhouette est moins ferme et moins nette, parce que le type était moins uniforme, le roulier venant de lieux très divers et ayant subi plus que le postillon ces changements que le temps et les modes imposent toujours aux costumes.

A côté des postillons et des rouliers, il faut évoquer les cochers des grandes maisons, conduisant berlines de voyage ou carrosses de gala, comme aussi les paysans de la région qui, la longue « gize » en main, aiguillonnaient leurs bœufs, traînant charrettes, barrots, chargés de tonneaux de vin, au port du Bassin. Ces pièces de vin de Perreux, Saint-Vincent ou Pradines devaient être expédiées à Paris, par le canal qui venait d'être inauguré.

Tous ces gens de passage donnaient à la grande rue du Coteau une animation extraordinaire et contribuaient à la richesse du pays, car ils s'arrêtaient dans les nombreux hôtels créés pour les recevoir : la Madeleine, l'Etoile, l'Ancre et chez le père Lièvre, comme on disait familièrement. Le plus célèbre de ces hôtels était celui du Lion d'Or, tenu alors par le sieur Jean-Baptiste Pomey. Situé au centre du Coteau, il occupait un tènement considérable, qui est resté intact, et qui aurait aujourd'hui accès sur trois rues, sans l'étroite bande de terre qui le sépare de la rue de l'Hôtel-de-Ville. Cet hôtel était du reste un logis déjà célèbre au siècle précédent, ayant logé au passage des terroristes comme Lapalus, Duret et Poquillon, et des conventionnels célèbres comme Reverchon et Moulins.

Tel était le Coteau au début de l'administration de M. Rigaud (1834) ; lorsqu'il le quitta, en 1857, son aspect avait bien changé, car le chemin de fer avait déjà accaparé nombre de voyageurs et une partie notable du trafic des marchandises.

L'administration diocésaine, afin d'aider M. Rigaud dans son ministère paroissial, lui avait successivement donné comme vicaires MM. Valladier, 1836-1842 (1) ; Cruiziat, 1842-1844 ; Chartier, 1844-1847, et Lafay, 1847-1858.

Le successeur de M. Rigaud fut M. Laurent-Frédéric Botton, auparavant curé de Fleurieux-sur-l'Arbresle, prêtre d'un caractère ferme et d'une régularité monacale ; il donna de la stabilité à l'organisation parfois un peu hâtive créée par son prédécesseur et assura l'avenir des œuvres paroissiales. Son passage au Coteau fut de courte durée ; en 1864, pour des raisons de famille, il fut nommé curé de Villié-Morgon. Ce changement était justifié par le fait que M. Botton, originaire de Beaujeu, désirait se rapprocher de cette localité où il avait des intérêts.

Monsieur Grataloup, nommé curé du Coteau le 15 octobre 1864, ne conserva ces fonctions que treize mois. Au mois de novembre 1865, en raison du mauvais état de sa santé, il fut nommé chapelain de la Primatiale (2). M. Bouiller, qui lui succéda (3), prit possession de la cure du Coteau le 15 novembre 1865. Malgré le mauvais état de sa santé, M. Bouiller conserva pendant sept ans l'administration de la paroisse du Coteau (1865-1872). Au mois de septembre 1872, il donna sa démission et se retira à Souternon, son pays natal, où il mourut le 15 octobre 1873.

Si M. Bouiller avait pu exercer pendant sept ans les fonctions de curé, il ne l'avait fait que grâce au zèle, à l'activité et au dévouement de son vicaire, M. l'abbé Ogier. Nommé vicaire au Coteau en 1861, l'action de ce jeune prêtre fut durable. Doué d'une grande rectitude de jugement, il sut, tout en s'effaçant comme il convenait, développer l'œuvre de MM. Rigaud et Botton. Son zèle était apprécié des catholiques notables qui lui savaient gré de son tact et de son activité, et

---

(1) M. Valladier est mort curé de Saint-Irénée à Lyon ; il aimait à rappeler son ministère au Coteau et fonda une mission en faveur de cette paroisse.

(2) Sébastien-Alphonse Grataloup, né à Lyon le 4 avril 1812, ordonné prêtre le 28 mai 1836 : 1° Vicaire à Saint-Bonaventure, le 17 octobre 1836 ; 2° Curé de Charentay le 8 février 1846 ; 3° curé de Panissières le 17 septembre 1859 ; 4° curé de Fontaines Saint-Louis le 29 novembre 1862 ; 5° curé du Coteau le 15 octobre 1864 ; 6° Chapelain de la Primatiale le 15 novembre 1865 ; décédé le 23 janvier 1879.

(3) Jean-Marie Bouiller naquit à Souternon le 15 août 1817. Ordonné prêtre le 1er juin 1844, il fut d'abord vicaire à Valbenoite le 1er juin 1844, puis curé de Bagnols le 23 juin 1863 ; enfin curé du Coteau le 15 novembre 1865.

son dévouement le faisait aimer des pauvres et des malades dont il s'occupait volontiers.

Cependant, à la suite de la guerre de 1870, et des changements dont elle fut la conséquence, les tendances religieuses du gouvernement français furent complètement modifiées ; à des temps nouveaux, il fallait des prêtres nouveaux ; M. Vignon fut le premier de ces prêtres.

Il naquit le 18 janvier 1827, à Amplepuis, jolie petite ville, pittoresquement groupée dans un pays accidenté et montueux.

Le contact de cette nature sévère qui fut le cadre de son existence d'enfant, et la première éducation qu'il reçut dans sa famille aux traditions patriarcales, où florissaient toutes les vertus sous l'autorité paternelle forte et respectée, lui firent montrer de bonne heure cet esprit sérieux, ce caractère énergique, ces allures parfois un peu rudes, mais toujours franches et droites, que l'on reconnut constamment en lui.

Après avoir fait ses premières études à Saint-Jodard, il entra au Grand Séminaire de Lyon et fut ordonné prêtre le 21 mai 1853. Les premières années de sa vie sacerdotale furent mouvementées. Nommé vicaire à Saint-Didier au Mont-d'Or le 27 mai 1853, il fut sucessivement vicaire à la Rédemption à Lyon (janvier 1858), aumônier à l'armée d'Italie, puis vicaire à Ronno, près de sa ville natale (29 novembre 1859), puis à Saint-Louis de Saint-Etienne (28 mai 1863), enfin curé du Coteau le 15 décembre 1872. C'est là qu'il devait donner la mesure de son âme sacerdotale. Son mérite fut de savoir adapter son zèle et ses méthodes aux circonstances nouvelles.

Dès son arrivée au Coteau, il se préoccupa de créer un cercle pour grouper les jeunes gens de la paroisse. Dans ce but, il aménagea en salle commune une vaste construction, située à gauche de l'église et mise à sa disposition par madame de Rainneville. Il fut aidé dans cette œuvre par son vicaire, M. Chassagne (1) qui commença alors à former les premiers éléments de la future Chorale Saint-Joseph qui depuis, sous la direction éclairée de M. Bérerd, a fourni une si utile et si belle carrière artistique. Une salle voisine fut destinée aux réunions des Dames de Charité, association à laquelle le zélé pasteur porta un vif intérêt. Ses vœux et ses exhortations ne cessaient d'inviter les adhérentes de cette œuvre à une action utile et personnelle auprès des pauvres.

Mais sa grande sollicitude fut pour les écoles chrétiennes, qui subissaient alors les premiers assauts destinés à les priver des subsides de l'Etat et des maîtres religieux. Vaillamment soutenu dans ses

---

(1) Peu de temps après la prise de possession de M. Vignon, M. l'abbé Ogier fut nommé curé de Saint-Médard et remplacé comme vicaire au Coteau par M. Troncy, prêtre laborieux et distingué qui quitta le Coteau pour conquérir le grade de docteur en théologie.

efforts par M. l'abbé Juban, devenu son vicaire en 1880, il parvint, non sans peine, et au prix de quels sacrifices, à créer ces écoles libres, qui continuent à former des générations chrétiennes.

L'embellissement de la maison de Dieu ne le laissait pas indifférent. Après avoir fait reconstruire la flèche du clocher, détruite par un incendie et l'avoir meublé de trois cloches (1), il fit remplacer les verrières des trois nefs de l'église par des vitraux, dont quelques-uns ne sont pas sans mérite. Plus tard, passant à la décoration intérieure, il fit exécuter les peintures de la grande nef, puis celles du chœur, où le peintre Zachéo représenta en deux tableaux, à la manière de Flandrin, les douze apôtres et tout au fond de l'abside : le crucifiement.

Les dernières années de M. Vignon furent attristées par les souffrances d'une douloureuse maladie. En 1885, le mauvais état de sa santé l'obligea à demander un second vicaire et il fit dès lors, de fréquentes absences. C'est au cours d'une de ces absences qu'il mourut chez son frère, à Champagne, près de Lyon, le 8 septembre 1891. Son corps fut ramené au Coteau, où il reçut les honneurs funèbres que l'église réserve à ses prêtres ; puis, inhumé dans le tombeau de sa famille à Amplepuis.

La vie de M. Célard qui, en 1891, succéda à M. Vignon, fut d'une extrême simplicité ; elle n'en a pas moins été pour ceux qui l'ont connu, une vie sacerdotale pleine de charité, de dévouement obscur, de labeur patient et inlassable.

Né en 1838, à Verlieux, sur les bords du Rhône, il fit ses premières études au petit Séminaire Saint-Jean à Lyon. Ordonné prêtre en 1861, il fut bientôt après nommé vicaire à Saint-Paul-en-Jarez. Les habitants de cette paroisse gardent encore, après un demi-siècle, le souvenir de ce prêtre à l'allure timide, aux paroles réservées et dont la direction était à la fois ferme et douce.

Les qualités et la prudence de M. Célard, appréciées de l'administration diocésaine, lui firent confier, mission toujours laborieuse, la création, au Grand Quartier, de la paroisse de Saint-Isidore. Sa patience et sa douceur inaltérables lui firent résoudre toutes les difficultés. C'est après un long séjour à Saint-Isidore qu'il fut appelé à la cure du Coteau. Là, il fut pendant vingt ans l'homme du devoir modeste, mais sans défaillance, sachant à l'occasion s'effacer et disparaître, pour laisser plus de liberté d'action au bon M. Juban, en

(1) Leurs inscriptions rappellent qu'elles furent fondues : « MM. Vignon, curé, Barthélemy Chassagne, vicaire, et Joanny Pomey, maire », et qu'elles furent données : la première par M. le vicomte et Mme la vicomtesse de Rainneville ; la seconde par M. Antoine-Joseph Dalin, aumônier de la Providence, et Mme Jeanne-Marie-Octavie Larue ; la troisième par M. Claude Rochard et Mme veuve Vicaire.

qui il avait toute confiance. Cependant, son zèle se manifestait dans la direction des âmes et s'ingéniait à les attirer à Notre-Seigneur par des conseils, des instructions et surtout par l'exemple de sa vie régulière et pénétrée d'esprit de foi.

Cependant, une maladie inexorable minait M. Célard. En 1904, sa conscience délicate le poussa, pour la seconde fois, à demander à être déchargé de la cure du Coteau ; dans son humilité, il s'estimait inférieur à sa tâche. L'administration diocésaine donna alors à M. Juban le titre de curé auxiliaire ; M. Célard resta encore sept années au Coteau, puis, en 1911, sentant ses forces diminuer, il se retira dans sa famille à Verlieux. C'est là qu'il rendit sa belle âme à Dieu en novembre 1914.

Rappeler ici le nom de M. Juban, successeur de M. Célard, est une tâche douce et facile pour un ami ; il redoute seulement de ne pas faire revivre au gré de ses lecteurs la douce, sympathique et originale physionomie d'un prêtre aimé, estimé et vénéré de tous ceux qui l'ont connu.

Monsieur Juban naquit à Saint-Denis-sur-Coise en 1849, dans une famille où l'austérité des vertus chrétiennes était traditionnelle. Son curé, M. Roux, distingua son intelligence et sa piété et lui donna les premiers éléments du latin, puis l'envoya au séminaire de Largentière. Après avoir fait sa théologie au Grand Séminaire de Lyon, il fut ordonné prêtre en 1876, puis nommé vicaire à Trèves (Rhône). Il ne resta que quatre ans dans ce poste, aidant avec une ingénieuse bonté la bonne volonté d'un curé très âgé. En 1880, il fut donné comme vicaire à M. Vignon, dont il sut seconder l'activité et le zèle. En 1886, M. Vignon étant tombé malade, M. Juban le suppléa de son mieux et commença à s'initier à l'administration de la paroisse du Coteau. On peut dire que, dès lors, il fut vraiment curé, en prit toutes les initiatives et toutes les responsabilités. Qui dira sa charité pour les pauvres, sa douceur envers les malheureux, son accueil affable pour les éprouvés, sa compassion pour les malades, sa bonté envers tous ?

Mais M. Juban ne se contenta pas de remplir au milieu de nous les fonctions du bon pasteur, toujours préoccupé de conserver intactes la foi et les pratiques religieuses de ses paroissiens ; il créa, au prix de lourds sacrifices personnels, les écoles libres du Coteau. Malgré les difficultés croissantes il ne cessa de soutenir cette œuvre et sut si bien s'adapter aux circonstances, qu'un de ses amis disait : « Quand il s'agit des écoles il semble que rien ne lui coûte. » Pourtant, tout lui coûtait : particulièrement les démarches auprès des administrations de l'Etat et les sollicitations intéressées auprès des paroissiens ; mais il était l'homme du devoir et ce devoir il le remplissait avec une telle modestie, une telle humilité, que parfois on en attribua le mérite à d'autres.

Monsieur Juban mourut au début de février 1917, après un séjour de 37 ans au Coteau. Depuis 1904, il portait le titre de curé, mais son humilité ne fit connaître ce détail que lorsque M. Célard eut quitté la paroisse. Dès le milieu de février, l'administration diocésaine désignait pour son remplaçant M. l'abbé François Maire, premier aumônier de l'Hôpital de la Croix-Rousse.

La tâche qui incombait au nouveau pasteur n'était pas une tâche facile et les circonstances la rendaient plus laborieuse encore. On était alors en pleine guerre et M. Maire dut assurer avec M. Roffat, prêtre déjà âgé, tout le ministère paroissial et pourvoir seul à la direction et à l'entretien des écoles, au maintien et à la vie des œuvres. Bien que la vie d'un aumônier d'hôpital ne semble pas une initiation et une préparation à l'administration d'une paroisse, le successeur de M. Juban fut à la hauteur de la situation et bientôt la paroisse eut la conviction qu'elle pouvait attendre avec confiance la fin de la tourmente et le retour des vicaires qui s'occupaient auparavant des œuvres d'instruction, d'apostolat et de persévérance.

Tels sont les curés qui ont contribué à la fondation et au développement de la paroisse du Coteau. Tous ont travaillé avec ardeur au maintien de l'esprit de foi et des pratiques religieuses, chacun d'eux apportant à ce haut labeur les tendances de son esprit et ses qualités particulières. Cependant, la brève esquisse de leur vie expliquerait d'une manière insuffisante leur œuvre dans la paroisse si nous ne mentionnions les noms des vicaires qui furent leurs collaborateurs :

MM. Valladier, 1836-1842 ; Cruiziat, 1842-1844 ; Chartier, 1844-1847 ; Lafay, 1847-1858 ; Athiaud, 1858-1861 ; Ogier, 1861-1872 ; Troncy, 1872-1875 ; Chassagne, 1875-1880 ; Juban, 1880-1904 ; Giraud, 1885-1886 ; Echallier, 1886-1891 ; Vargoz, 1899-1900 ; Champagnon, 1900-1905 ; Thinon, 1905-1909 ; Zanoli, 1909 ; Séon, 1911-1913 ; Brulas, 1913.

MM. Zanoli et Brulas qui, tous deux, furent mobilisés pendant la guerre, continuent maintenant à faire fleurir au milieu de nous les œuvres établies par leurs prédécesseurs et celles qu'ils ont fondées.

L'église paroissiale du Coteau est une vaste construction très simple, dans le style néo-grec, encore en honneur sous le règne de Louis-Philippe. La façade, surmontée d'une croix, est formée d'un mur droit, percée à sa base d'un portail carré et de deux portes latérales symétriques et semblables. Ses lignes architecturales sont soulignées par des encadrements en pierre calcaire qui constituent toute son ornementation.

A l'intérieur, l'édifice se compose d'une nef centrale, flanquée de chaque côté d'une nef latérale plus petite et plus basse. Deux monuments de marbre blanc, en forme de rétable, sont adossés aux murs latéraux ; l'un sert de fonts baptismaux et l'autre encadre la statue de Saint Antoine de Padoue. C'est du même côté, plus près de l'autel que l'on a placé récemment les tableaux sur lesquels sont inscrits les noms des victimes de la guerre.

Le maître-autel, dédié à Saint Marc, est en marbre blanc. Son tombeau est orné de cinq personnages sculptés en haut relief : Notre-

Seigneur et les quatre évangélistes. Sur le devant, au centre, on voit le Christ tenant le livre de vie, et dans les niches latérales, à droite du Christ, Saint Jean, et à gauche, Saint Marc, patron de la paroisse. Sur les faces latérales, se trouvent, du côté de l'Evangile, Saint Luc, et du côté de l'Epître, Saint Mathieu. Les quatre évangélistes sont reconnaissables aux animaux qui les accompagnent. L'aigle, qui fréquente les sommets, caractérise Saint Jean, dont l'Evangile nous transporte dans le sein même de Dieu ; le lion, habitant du désert, symbolise Saint Marc, parce que son Evangile nous conduit au désert écouter la voix du Précurseur ; le bœuf personnifie Saint Luc, dont l'Evangile débute par le sacrifice de Zacharie, et l'ange caractérise Saint Mathieu, dont l'Evangile commence par la généalogie du Verbe.

L'abside est entourée de stalles surmontées d'une haute boiserie d'un bel effet. Au-dessus de la boiserie, des peintures à fresque représentent les apôtres.

La nef du côté de l'Evangile abrite un autel dédié au Sacré-Cœur de Jésus, et dans le transept voisin il y a un autel placé sous le vocable de Saint Lucinien, dont on voit les reliques renfermées dans une châsse apportée de Rome par le cardinal de Bonald. Cet autel est surmonté d'un tableau représentant une vision de Sainte Catherine. Il faisait partie autrefois de la riche collection réunie à grands frais par le cardinal Fesch, archevêque de Lyon.

L'autel, placé dans l'absidiole située du côté de l'épître est dédié à la Vierge. La chapelle voisine, qui occupe le transept, a été concédée à Monsieur le Marquis de Tardy et à sa famille. Elle renferme une belle statue de Saint Louis, roi de France, et des plaques de marbre rappelant aux habitants et aux visiteurs le souvenir de la plus ancienne famille du pays.

Voici les inscriptions gravées sur ces plaques ; elles mettent en contact le présent et le passé :

A la mémoire
de Marc-Louis, marquis DE TARDY
né à Montluçon (Bourbonnais), le 21 décembre 1769.
Chevalier de la Légion d'honneur, ancien adjudant général
Ancien président du Conseil général
du département de la Loire
Ancien maire de la Ville de Roanne
Ancien membre de la Chambre des Députés
Décédé en son château de Rhins, le 22 juin 1857
muni des sacrements de l'Eglise
Son corps a été transporté à Allonville, près Amiens
ainsi que celui de sa mère, dame Thérèse DE FERMÉ
Veuve de Jean-Jacques DE TARDY
Ancien mousquetaire du roi, mort au siège de Lyon, en 1793
Priez pour eux.

A la mémoire
de Marie-Suzanne Ramey de Sugny
fille de Jean-Marie-Antoine de Sugny
et de Marie-Anne-Augustine Bertholon de Brosse
épouse de Marc-Louis, marquis de Tardy
née à Lyon, le 15 juin 1786
morte au château de Rhins
près Roanne (Loire), le 25 avril 1808
munie des sacrements de l'Eglise
Son corps a été inhumé dans le cimetière
de la paroisse de Parigny, près Roanne.
Priez pour Elle.

A la mémoire
de Alphonse-Valentin Vaysse
Vicomte de Rainneville
Ancien conseiller d'Etat, ancien député
né à Amiens (Somme) le 24 octobre 1798
marié le 8 septembre 1825 à Thérèse de Tardy
décédé à Paris, le 31 décembre 1864
Son corps a été inhumé à Allonville, près Amiens
Il est mort muni des sacrements de l'Eglise
Que son âme repose en paix dans l'éternité.
Priez pour Lui.

A la mémoire
de Thérèse de Tardy
Vicomtesse de Rainneville (1)
née au château de Rhins le 16 décembre 1804
mariée le 8 septembre 1825
décédée au château de Rhins le 14 septembre 1885
munie des sacrements de l'Eglise
Priez pour Elle.

---

(1) Trois fils naquirent du mariage de M. A. de Rainneville avec Thérèse de Tardy : Marc, mort jeune des suites d'un accident de cheval ; Xavier et Joseph, morts sans postérité.

Le plus connu des enfants issus de ce mariage est Joseph de Rainneville qui habita le château de Rhins après la mort de sa mère. Jeune encore, J. de Rainneville entra dans l'armée, puis s'engagea dans les Zouaves pontificaux, se battit vaillamment à Castelfidardo et devint aide de camp du général de Pimodan. Pendant la guerre de 1870, J. de Rainneville prit part à la défense de Paris à la tête d'un bataillon de mobiles. Il fut élu, le 8 février 1871, député de la Somme à l'Assemblée nationale, il prit place au centre droit. En janvier 1876, il fut élu sénateur de la Somme. Au renouvellement sénatorial de 1882, il ne fut pas réélu. J. de Rainneville mourut en 1894.

En résumé, l'église du Coteau est une vaste construction qui mesure trente-sept mètres de longueur sur dix-sept mètres cinquante de largeur. Ses murs, construits en pierre du pays, sont étayés par d'épais contreforts et on peut lui appliquer ces vers d'un poète :

Notre église est sans style,
Sombre tout à souhait ;
Point de clocher gothique :
L'ensemble est lourd et laid ;
Aucun vitrail antique
Où le soleil de mai,
De son rayon magique,
Allume le reflet.
Mais quelle paix profonde
Dès le seuil vous inonde !
Dieu vous ouvre les bras ;
Et l'on reprend courage
Aux soirs pesants d'orage,
En pleurant là, tout bas.

La création de la paroisse Saint-Marc du Coteau prépara l'érection de la commune.

CHAPITRE VI

La commune et les maires. — Décret royal, érigeant le Coteau en commune, 1845. — M. Etienne Legrand, premièr maire. — L'inondation de 1846 et ses suites. — Le port de Varennes et ses relations avec le bassin et le canal de Roanne à Digoin. — Les mariniers roannais au milieu du siècle dernier. — Ouverture de la ligne de Saint-Etienne à Roanne, 1857. — Construction du pont du chemin de fer et raccordement avec Roanne, 1858. — Inauguration de la ligne de Lyon à Roanne par Tarare, 1864. — Création d'un établissement industriel au Coteau, 1874. — Construction de la ligne du Coteau à Paray-le-Monial. — Découvertes faites lors des travaux. — Inauguration de la ligne.

Le château de Rhins et ses derniers propriétaires. — Il est vendu ainsi que les terres situées sur le Coteau, par M. J. de Rainneville. — La société Meyer, 1886. — Les premières rues ouvertes dans le parc.

« Au Palais de Neuilly, le 9 juillet 1845.

« Louis-Philippe, roi des Français, à tous présents et à venir, salut.

« Nous avons proposé, les Chambres ont adopté, nous avons ordonné et ordonnons ce qui suit :

ARTICLE 1.

« La section du Coteau, désignée sur le plan annexé à la présente loi par une teinte rose, est distraite de la commune de Parigny, canton de Perreux, arrondissement de Roanne, département de la Loire, et érigée en commune distincte. En conséquence, la limite entre les communes du Coteau et de Parigny est fixée dans la direction indiquée audit plan par les lettres X et Z.

ARTICLE 2.

« Les dispositions qui précèdent auront lieu sans préjudice des droits d'usage et autres qui pourraient être respectivement acquis.

« Les autres conditions de la distraction ordonnée seront, s'il y a lieu, ultérieurement déterminées par une ordonnance du roi.

« Fait au Palais de Neuilly, le 9e jour du mois de juillet 1845.

« Signé : LOUIS-PHILIPPE. »

Tel est le libellé du décret royal érigeant le Coteau en commune (1). A la suite de cet acte, en vertu de la Constitution, eurent lieu des élections qui dotèrent le Coteau d'un conseil municipal. Le premier maire, nommé par le gouvernement de juillet, fut M. Etienne Legrand, âgé de 47 ans, marchand de charbons au lieu dit « le Grand Coteau ». Le décret royal le nommant maire porte la date du 17 décembre 1845.

Le Coteau ne comptait alors que 1.340 habitants, disséminés dans quatre quartiers : le Grand Coteau et les Balmes, au couchant, le Petit Coteau et Varennes, au midi. Entre ces deux agglomérations, se trouvait une large bande de terrain, entre Rhins et Loire, appartenant à M. le marquis de Tardy, dont les propriétés enserraient le Coteau presque de toutes parts.

L'inondation de 1846 ne fit que des dommages insignifiants sur le territoire du Coteau ; elle fit pourtant décider le renforcement de la chaussée de Pincourt et son prolongement vers le nord. Au midi, les hautes eaux creusèrent profondément le chenal de Varennes, qui mettait en communication le chemin de fer de St-Etienne avec le canal de Roanne à Digoin. Dans les terrains bas, voisins de la gare terminus du chemin de fer de Saint-Etienne à Roanne, on éleva alors une estacade en bois, qui permit d'opérer directement le déchargement des wagons de charbon. Ceux-ci étaient amenés sur l'estacade du port de Varennes et le charbon tombait dans les bateaux placés au-dessous. On voit encore aujourd'hui, en cet endroit, les fendues en maçonnerie qui facilitaient l'accès des bateaux à la rive (2). Ces derniers, ainsi chargés, descendaient la Loire, passaient dans le bassin et de là gagnaient le canal de Digoin.

Le port de Varennes et le cours de la Loire au Coteau connurent alors une animation extraordinaire. Le va et vient des bateaux, les

---

(1) Au décret royal était annexé un plan indiquant les limites de la nouvelle commune, telles qu'elles ont été énoncées au début de ce travail.

(2) Ces fendues étaient aussi utilisées pour le chargement des bateaux, car une voie sur plan incliné permettait d'amener les wagons jusque sur le bord même du fleuve. Après leur déchargement, ils étaient remontés sur le plateau par un treuil, autour duquel s'enroulait une corde en fil de fer. Les anciens du Coteau se souviennent encore des joyeuses expéditions organisées par les enfants de la localité, qui aimaient à se faire véhiculer, — non sans danger parfois, — sur les wagons du plan incliné.

gestes et les cris des mariniers, les appels des passants, produisaient une intensité de vie dont on ne peut aujourd'hui se faire une idée. Il arrivait même parfois que, lorsque les bateaux passaient sous le pont de pierre, de brèves conversations, et combien pittoresques, s'engageaient entre les mariniers et ceux qui traversaient le pont.

Les mariniers roannais formaient alors une classe importante et tout à fait distincte. A première vue, on les reconnaissait à leur costume (1) et à leur patois, célèbre dans tout le département. Ils aimaient le vin ; mais ils le portaient bien. Ils aimaient aussi la bonne chère, et ils éprouvaient un certain plaisir à montrer de l'ostentation dans la dépense, pour éclipser la bourgeoisie, avec laquelle ils vivaient du reste dans d'excellents rapports.

Bruyants, parlant beaucoup, poussant des jurons formidables, les mariniers roannais, qu'une satire du temps accuse d'être « bavards, criards et vantards », étaient d'un sang-froid et d'un courage remarquables lorsque, en temps de crue subite de la Loire, un bateau se trouvait en danger de périr (2).

Les mariniers se divisaient en trois groupes, selon leurs fonctions : les « touquiers », qui montaient les « toues », barques légères qui précédaient les convois de sapines et indiquaient la route à suivre ; puis les hommes qui manœuvraient à l'avant du bateau ; enfin, ceux qui étaient placés à l'arrière. Le court trajet qui séparait le port de Varennes de l'entrée du Canal exigeait presque toujours la présence de quelques membres de ces groupes, car, comme chacun sait, le lit de la Loire est mobile et la moindre crue creuse des

(1) Ce costume se composait d'une chemise de grosse toile, à large encolure, retenue par une cravate, d'une veste en drap bleu foncé et d'un pantalon à pont en drap ou en toile, suivant la saison. Comme coiffure, un chapeau de feutre à larges bords garantissait la tête des ardeurs du soleil et de la pluie. (D'après une gravure de 1821).

(2) Un type célèbre parmi les mariniers de cette époque était le père Bottu. On racontait même volontiers, au Coteau, que c'était lui qui, pendant la Révolution, avait donné asile au marquis de Tardy ; mais ce fait est inexact. Cependant, le père Bottu était reçu familièrement au château de Rhins, où le marquis lui offrait volontiers une tranche de jambon et un verre de vin blanc.

Un jour que M. de Tardy coupait en maître expert une mince tranche de jambon, le père Bottu lui dit dans son patois :

— Monsieu le martyi, parqua don que ve copis le dzambion si mance ?

— Comment ! répondit M. de Tardy, ne sais-tu pas que le jambon est meilleur ainsi ?

A quoi le père Bottu répliqua :

— Copis gros, monsieu le martyi, copis gros, dze n'ome pos quind y est treup bon !

« gours » sur un fond qui paraissait stable et jette un banc de sable à la place d'une eau profonde.

La Révolution de 1848 fit disparaître la Monarchie de Juillet. Cet événement amena la démission du premier maire du Coteau, Etienne Legrand, le 12 février 1849. Il fut remplacé à la mairie, le 15 mars suivant, par M. Pierre Lièvre qui ne conserva ses fonctions que trois ans. Son successeur fut M. Auguste Bousson, nommé maire le 27 juillet 1852. Le 7 juin 1855, M. Bousson fut remplacé par M. Simon Gontier, qui devait administrer le Coteau pendant seize ans.

Sous l'administration de M. S. Gontier, le Coteau changea d'aspect. Diligences, guimbardes et voitures de toutes sortes qui sillonnaient la grande rue, commencèrent à devenir moins nombreuses, et les bateaux et sapines qui circulaient entre le port de Varennes et le canal disparurent entièrement. La cause de ces changements était due au développement des chemins de fer, lesquels remplaçaient avantageusement pour le confort, la sécurité et la rapidité, les pataches d'autrefois.

La ligne de Saint-Etienne au Coteau fut livrée à l'exploitation le 20 novembre 1857 et, un an après, la haute chaussée de la gasse étant stabilisée et le pont sur la Loire achevé (1), le raccordement entre Roanne et le Coteau était un fait accompli (1er novembre 1858).

Huit ans après, la ligne de Lyon au Coteau par Tarare était également achevée, et le premier train venant de Lyon arrivait au Coteau le 16 juillet 1866.

On comprend sans peine, après ce qui a été dit plus haut, le pro-

---

(1) Le pont de maçonnerie, jeté sur la Loire pour relier les deux gares de Roanne et du Coteau, fut construit, en 1857-1858, par MM. Moreau, ingénieur, et Belin, entrepreneur. L'ingénieur en chef qui dirigeait les travaux était M. Bazaine, frère du fameux maréchal.

Le pont du chemin de fer mesure 246 m. 32 ; il se compose de sept arches en arc de cercle de 28 mètres de corde et 3 m. 50 de flèche. Les culées, qui forment une saillie de deux mètres sur le plan de tête, sont accompagnées de demi-piles et ornées de pilastres. Les plinthes sont supportées par des modillons et tous les détails ont été étudiés et dessinés avec un grand soin.

Comme on le voit dans ce travail, les piles furent réduites au minimum d'épaisseur et les voûtes ne prirent leur naissance et leur appui qu'à plusieurs mètres au-dessus de l'étiage, dispositions qui assurent aux eaux du fleuve un passage plus large et plus direct.

A l'époque où ce pont fut construit, la gare du Coteau était un point terminus et les voyageurs étaient obligés de descendre pour être transportés en diligence jusqu'à la gare de Roanne. L'achèvement du pont, livré à la circulation le 1er novembre 1858, supprima ce pénible et fastidieux transbordement.

Les dépenses occasionnées par la construction du pont s'élevèrent à la somme de 1.108.000 francs.

digieux changement qui s'opéra alors dans la vie, les mœurs et les coutumes des habitants du Coteau. A partir de cette époque, les voyageurs disparurent, les hôtels devinrent moins bruyants et les auberges et cabarets ne retrouvèrent un peu d'animation que les jours de marchés. Il en fut ainsi jusqu'après la guerre (1870-1871), époque à laquelle M. Joanny Pomey, propriétaire de la maison où pendait jadis pour enseigne le Lion d'Or, fut nommé maire (7 mai 1871).

Privé des ressources qui, depuis sa fondation, assuraient sa prospérité, le Coteau aurait pu profiter largement du vif essor industriel qui se manifesta alors à Roanne, où de nombreux tissages pour les étoffes de cotonnade furent installés, entre 1874 et 1880. Mais la propriété de Rainneville qui enserrait le Coteau de toutes parts et que ses propriétaires refusaient d'aliéner, l'empêchèrent de profiter de cette renaissance opportune. Cependant, un fabricant roannais, — un seul, — M. Louis Déchelette, réussit à vaincre les répugnances de M. de Rainneville et à faire l'acquisition d'une parcelle de terrain, située sur les bords de la Loire, et dans laquelle il fit édifier aussitôt un tissage pour les étoffes de coton. Depuis cette époque, cette fabrique n'a cessé de fonctionner et de s'agrandir et il serait difficile de calculer aujourd'hui les salaires que, depuis cinquante ans, elle a distribués à ses ouvrières et employés.

Peu d'années après, en 1882, l'ouverture de la ligne de Paray-le-Monial au Coteau donna un nouveau développement au quartier de la gare. Lors de la construction de cette voie (1876), de nombreuses découvertes vinrent rappeler aux contemporains une sanglante bataille livrée en 1377, au cours de la Guerre de Cent ans, entre les troupes du duc de Bourbon et les bandes anglo-gasconnes qui parcouraient le pays. Ce n'était pas la première fois que de semblables découvertes étaient faites dans la plaine basse et marécageuse qui s'étend entre la rivière de Rhins et les monticules de Chervé, du Tourbillon et des Franchises ; car déjà, en 1820 et en 1852, les fouilles avaient mis au jour de nombreux ossements humains, tant auprès du pont de Rhins qu'aux lieux dits le Moulin Tampon et le Lac. Au reste, le terrain qui s'étend entre le bief de Rhins et la route actuelle de Perreux porte, dans les terriers anciens, le nom significatif de « cimetière des Anglais » (1).

---

(1) En 1377, raconte la chronique du bon duc Loys de Bourbon : « le bon et magnanime duc de Bourbon ayant pris les armes avec Monsieur Jean de France, duc de Berry et d'Auvergne, contre les Anglais et leurs adhérents qui s'étaient espanchés dans les pays de leur obéissance, les en chassèrent si absolument et rendirent le pays de Bourbonnais, Forez, Beaujolais, Auvergne et Berry si paisible qu'il n'y avait homme qui osât faire le moindre remuement et ce fut alors que fut faite par les armées réunies de ces princes

Quatre ans avant l'ouverture de la ligne de Paray-le-Monial au Coteau, en 1878, M. Joanny Pomey, maire depuis sept ans, avait donné sa démission. Certaines difficultés qu'il avait rencontrées et une critique un peu vive de son administration parue dans un journal du temps, lui avaient causé une grande irritation. On se rappelle encore les bizarreries de son humeur, les incohérences de son esprit, sa démarche saccadée et le tremblement convulsif qui agitait sans cesse tout son corps.

M. Joseph Grangette fut élu maire du Coteau le 16 juin 1878. Son administration eut à résoudre deux grandes difficultés : celle des écoles, qui jusqu'alors étaient restées confessionnelles, et celle qui résultait de l'aliénation et de la mise en vente du parc de Rainneville.

Madame de Rainneville, née Thérèse de Tardy, qui habitait le château de Rhins, étant morte le 13 septembre 1885, son fils, M. Joseph de Rainneville, vendit la terre et le château de Rhins à un groupe juif dit « Société Meyer ». Dans le but de tirer de son acquisition le meilleur parti possible, la Société Meyer résolut de tracer, dans la propriété, des rues et des voies de communication, puis de partager les îlots en tènements séparés, au gré des acquéreurs. Pour arriver à ce résultat, la Société proposa au Conseil municipal du Coteau, alors présidé par M. André Robert-Vivier, qui avait remplacé M. Grangette, démissionnaire (28 mars 1886), la combinaison suivante :

La Société Meyer cédait à la ville, gratuitement, pour la création d'une place, la construction d'une école de filles et d'une mairie : 2.730 mètres carrés de terrain, au lieu dit « le Parc ». Elle cédait, en outre, tout le terrain nécessaire à l'établissement de 1.500 mètres de rues, à charge pour la ville d'en mettre 800 le plus tôt possible en état de viabilité et d'y établir des becs de gaz et des bornes fontaines.

D'après le projet dressé par M. l'agent-voyer d'arrondissement, huit rues nouvelles devaient être créées au Coteau. L'une, la rue de l'Hôtel-de-Ville, ayant 12 mètres de large, serait perpendiculaire à la Grande rue et mènerait à la future place de l'Hôtel-de-Ville, au centre de la propriété, en passant par la cour des Chiffonniers. Les sept autres : rue Meyer, rue Parmentier, rue Ledru-Rollin, rue Gam-

---

une telle défaite de ces Anglais et des ceux dits de leur parti, sur l'extrémité de ce pays de Forez et de celui de Beaujolais, à savoir entre Roanne et Perreux, auprès d'un pont qui est bâti sur un ruisseau appelé de Rhins, qui non loin de là se dégorge dans le fleuve de Loire, que plusieurs de ces Anglais y ayant esté tués sur place et enterrés en un champ du territoire qui est situé sur cet endroit, le nom lui est demeuré dans les terriers comme dans l'usage du vulgaire de *Cimetière des Anglais.* »

betta, rue Dorian, rue Jules-Janin, rue Lamartine auraient des largeurs variant entre 12 et 8 mètres.

La municipalité du Coteau accepta la proposition de la Société Meyer, ainsi que le projet de l'agent-voyer, et, dès la fin de l'année 1886, le lotissement était dressé et certaines ventes effectuées.

Il est à peine inutile d'observer que, si la mise en vente du parc de Rainneville avait été faite quinze ans auparavant, le Coteau aurait certainement participé, dans de bien plus grandes proportions, au développement et à la prospérité de l'industrie roannaise.

La première préoccupation de la municipalité du Coteau fut la création des rues tracées dans le vaste rectangle compris entre la Loire et la route de Perreux d'une part, les dépendances des maisons de la Grande rue et l'allée des Marronniers d'autre part.

Ce travail de voierie accompli, elle fit construire l'Hôtel de Ville et l'école des filles qui donnèrent tout de suite au nouveau quartier de la vie et de l'animation.

Cependant, en raison de sa situation près de la Grande rue, les terrains de cette partie du parc furent mis en vente à des prix très élevés, ce qui découragea les acheteurs, qui se rejetèrent alors sur les terres de la route de Perreux et du pré des Sables à Pincourt.

Entre le quartier de l'Hôtel-de-Ville et le pré des Sables, se trouvait un vaste terrain, bordé au nord par une berge sablonneuse de six à huit mètres d'élévation, et traversé dans sa partie centrale par une belle avenue, conduisant de la place des Platanes au Château. Ce territoire fut également mis en vente. L'avenue du château, formée par une quadruple rangée de marronniers, bien que dépouillée de ses beaux arbres, devint la rue des Marronniers, et de cette rue partirent de part et d'autre de nombreuses impasses, amorces de rues futures et destinées à mettre en relation l'ancienne agglomération avec la nouvelle. Cinq de ces impasses se dirigeant vers le nord furent dotées de noms illustres : Voltaire, Pasteur, Condé, Marceau (1) et Moreau, et en attendant d'être transformées en rues véritables conduisirent aux buanderies échelonnées sur le bief parallèle à la rivière.

Quant au château de Rhins, on lui laissa ses dépendances immédiates et un terrain assez vaste pour qu'il puisse encore être compté parmi les plus belles résidences de la banlieue de Roanne.

Toutes ces transformations s'opérèrent sous l'administration laborieuse de M. Robert-Vivier, qui fut maire du Coteau de 1886 à 1900. Après les élections municipales qui inaugurèrent le XXe siècle, M. Félix Baurier fut élu maire (20 mai 1900). Les écoles de garçons furent construites et aménagées sous son administration qui ne dura que quatre ans. Aux élections suivantes, le 15 mai 1904, il fut

---

(1) En 1915, après la construction de l'abattoir, l'impasse Marceau prolongée prit le nom de rue de l'Abattoir.

remplacé par M. Didier Remontet, qui fit étudier à nouveau la question des eaux qui avait déjà été l'objet de la sollicitude de plusieurs municipalités antérieures.

En mai 1912, les membres de la municipalité récemment élus choisirent pour maire M. Félix Terrenoire qui, depuis plus de trente ans, n'avait cessé de faire partie de la municipalité. A sa mort, arrivée en janvier 1914, il fut remplacé par le premier adjoint, M. Bert, qui assuma la lourde tâche d'administrer la commune du Coteau pendant la grande guerre.

Le Coteau comptait alors 4.624 habitants, adonnés pour la plupart au commerce et à l'industrie. Jadis, au temps des diligences et de la batellerie, l'agglomération vivait uniquement du commerce ; mais aujourd'hui, en dehors des bois et des vins qui donnent lieu à quelques transactions, le commerce est réduit aux denrées alimentaires et aux tissus qui se consomment sur place, ou dans les localités voisines. Il y a dix ans, l'industrie n'était représentée que par le tissage Déchelette ; mais depuis lors un vif essor industriel s'est manifesté et le Coteau compte aujourd'hui trois scieries mécaniques, une poterie qui, outre les produits communs, donne des spécimens intéressants de grès flammés, et des fabriques de lainages, de rideaux, de serviettes éponges, de pantoufles, etc.

L'agglomération est également desservie par une importante usine électrique et possède plusieurs ateliers de teintures et apprêts, une usine de produits chimiques et pharmaceutiques, une tonnellerie mécanique et plusieurs chantiers de cimentiers. La guerre de 1914 a sans doute arrêté cet essor, mais il est facile de prévoir qu'une vive reprise ne tardera pas à se manifester. Le territoire des Plaines, les terres des Etines et le pré des Sables à Pincourt sont trop favorables à la création d'établissements industriels pour ne pas profiter largement de ce mouvement.

CHAPITRE VII

Le Coteau pendant la guerre. — La Mobilisation, 1er août 1914. — Physionomie du Coteau. — Départ des premières troupes. — Précautions de sûreté : permanence à la Mairie, surveillance des ponts et des routes. — Adaptation des usines aux travaux de guerre.

La municipalité et l'organisation des services publics. — Les restrictions alimentaires. — Aspect morne de la ville. — Insuffisance des services de la voirie, de l'éclairage. — Services de bienfaisance : soupes populaires, allocations, les Journées du 75, du Poilu, etc.

L'Œuvre des Prisonniers de Guerre.

La guerre en 1918. — Nouvelle avance des Allemands. — Exode des populations. — Dernière offensive française. — L'armistice, 11 novembre. — Enthousiasme populaire. — Retour des prisonniers. — Epidémie de grippe. — Cherté des vivres.

Les solennités civiles et religieuses : la Reconnaissance nationale, le Souvenir. — Le monument commémoratif érigé dans l'église du Coteau. — Nos morts au champ d'honneur ; nos prisonniers ; l'Association des Mutilés et Grands Blessés ; les mobilisés du Coteau cités à l'ordre du jour. — Les leçons de la guerre. — Conclusion.

Ce chapitre fait partie intégrante de l'histoire de notre localité, bien qu'il n'ait pas été prévu dans le plan primitif. Cependant, les nombreuses sollicitations faites à l'auteur l'ont décidé à compléter son travail. Comment résister aux prières des familles éprouvées par la perte d'un de leurs membres et pourquoi ne pas suivre les conseils des Français éminents qui, de toutes les parties de notre territoire, invitent à recueillir les souvenirs locaux de la Grande Guerre et à retracer l'aspect et la physionomie de nos villes et de nos villages pendant ces jours d'angoisse ?

Ces lignes ont donc pour but de conserver le souvenir des événements quotidiens qui se sont déroulés au Coteau, de perpétuer la mémoire de ceux qui sont morts pour le pays, en un mot, de prolonger dans le temps, les pensées et les impressions de ceux qui ont vécu ces jours d'alarme.

« Ces pages feront entendre en quelque sorte la palpitation du cœur de la Patrie, frémissante à la nouvelle qu'on entre en lice et que le règlement de comptes a sonné, — calme et résolue en prenant les armes, — indignée quand l'Allemagne déchire les traités signés par elle-même, en déclarant qu'elle n'a pas le culte des « chiffons de papier », agitée d'une sainte colère devant le martyre de l'héroïque Belgique — stupéfaite et angoissée quand les hordes barbares dévastent le sol de la Patrie et menacent la capitale, — exultante quand elle arrête l'élan de l'envahisseur — glorieuse de son sang vaillamment répandu, joyeuse quand même, et confiante dans l'héroïsme de ses enfants, — enfin pleine d'espoir dans la bonté de sa cause et dans le triomphe final de son bon droit sur la force brutale. »

Le cours régulier de la vie ordinaire s'est trouvé subitement suspendu. La nation tout entière, dressée pour une guerre comme le monde n'en a jamais vu, a tout laissé pour la défense de ses foyers brusquement attaqués. Et c'est une affreuse mêlée de peuples dans une ruée sans pareille, où il semble que tous les progrès des sciences et des arts n'aient eu pour objet que de préparer le massacre et la destruction.

En résumé, les quelques pages qui vont suivre sont le reflet de tous ces sentiments sur la population locale.

Ce fut le 1er août 1914, vers cinq heures du soir, que le clairon jeta les notes stridentes et sonores de l'appel aux armes. Mais depuis quelques heures déjà, on pressentait la mobilisation, aussi aucun sentiment ne parut-il sur les visages : ni stupeur, ni colère, ni exaltation joyeuse ; mais seulement du calme et de la résolution. Il fallut plusieurs heures à nos rues pour prendre une physionomie nouvelle et ce ne fut qu'assez tard, dans la veillée, qu'elles prirent une animation extraordinaire. Ça et là des groupes nombreux parlaient et discutaient sur la guerre, et tous estimaient qu'elle serait courte !

A partir du lundi 3 août, les trains emportant des troupes vers l'Est, passent à la gare du Coteau. Il faut voir l'allure de ces braves gens et combien ils sont fêtés au passage. Des femmes, des jeunes filles, des enfants, des vieux, leur apportent rafraîchissements, gâteaux et fleurs, et il en sera ainsi à toutes les stations. Bientôt le train sera tout orné de verdure fleurie. Jamais train royal ne parut aussi somptueux, aussi riche que ce convoi militaire avec les branchages qui l'empanachaient et que de pauvres mains ont cueillis pour lui.

Lorsque le train s'ébranle, des grappes humaines sont suspendues à toutes les portières et de milliers de poitrines un chant s'échappe :

Allons, enfants de la Patrie,
Le jour de gloire est arrivé !

Quand ils jettent, tous ensemble, en ouvrant leurs bouches toutes grandes, ces paroles ardentes et tout à coup si vraies : « Aux armes, citoyens ! », on ressent une impression magnifique de confiance et d'espoir.

Ce même jour, les réservistes rejoignent. Presque tous sont calmes, ni joyeux, ni tristes, surtout silencieux, allant là où ils sont appelés. Dans les rues défilent d'innombrables charrettes réquisitionnées pour le ravitaillement des troupes, et sur la place se groupent les chevaux qui, en longues files, vont être dirigés sur Clermont. Bien spéciale cette vue de la place publique avec ces chevaux de trait et de labour sortis d'un peu partout.

Quelle vie et quelle agitation dans le Coteau ! On eût dit une ruche militaire ; on ne voit que du rouge et du bleu. Les hommes, en tenue de campagne, vêtus de neuf des pieds à la tête, le manchon bleu au képi, se tiennent prêts à partir.

Pendant trois jours, on reste presque sans nouvelles et les bruits les plus fantaisistes circulent. Et puis voici qu'on barre les routes de 6 heures du soir à 6 heures du matin. Des chaînes, des cordes sont tendues à travers le pont et deux hommes veillent à tour de rôle, le fusil au bras ; il en est de même au pont de Rhins. A l'Hôtel de Ville, les conseillers municipaux sont en permanence et veillent la nuit à tour de rôle. Les communications entre Le Coteau et Roanne deviennent difficiles et pourtant chaque famille anxieuse envoie prendre connaissance des communiqués affichés bientôt deux fois par jour. Les précautions prises indiquent à la population le réseau d'espionnage établi par l'Allemagne à travers la France entière. Il fallut, en effet, surveiller les voyageurs, les passants, les rouloliers et détruire toutes les affiches de la Société Maggi et du bouillon Kub. Ces affiches, marquées de signes conventionnels, indiquaient aux agents allemands les ponts, tunnels, bifurcations destinés à la destruction.

Dès l'annonce de la mobilisation, la foi et la confiance en Dieu s'étaient réveillées. Des prières avaient été organisées et chaque jour à trois heures, des femmes et des enfants récitaient le chapelet devant l'autel de la Vierge (1).

Cependant, les jours et les semaines avaient passé et l'animation avait disparu. Peu à peu, soldats de l'active, réservistes et territoriaux étaient partis pour le front de bataille. La vie ordinaire même était en partie suspendue, car le Coteau avait fourni plus de huit cents mobilisés et de nombreux ouvriers et ouvrières aux usines de guerre. Au Coteau même, l'atelier Moutet fabriquait des obus, au dépôt Canard on préparait du coton hydrophile et la poterie Picard fabriquait des pots pour la poudre. Plusieurs anciennes maisons

(1) Vers la fin août, lorsque l'ennemi précipitait sa marche sur Paris, on vit arriver les premières familles de réfugiés et les petites filles d'un orphelinat parisien, dirigé par les sœurs de Saint-Vincent de Paul, vinrent s'installer à la Providence.

fournissaient aussi aux armées des vêtements et des approvisionnements.

Il serait trop long d'entrer dans les détails de la guerre aussi bien que de la vie locale (1) ; mais, afin de fixer la physionomie du Coteau pendant ces années terribles, il faut dire un mot de l'administration communale, des restrictions et de la bienfaisance.

La municipalité élue en mai 1912, se composait alors de M. Bert, maire ; de MM. de la Celle et Claustre, adjoints et de MM. Belon, Berlie, Bolard, Bouchard, Chaize Benoît, Chaume, Chemier, Cruzille, Denis, Duché, Dumont, Gerbay, Marcellin Joanny, Moussière, Mouzy, Oudin, Petitbout, Raffin, Thivoyon et Vallier, conseillers. Cinq membres du Conseil municipal, MM. de la Celle, Duché, Gerbay, Oudin et Bolard furent mobilisés ; les autres assurèrent, par un roulement, la surveillance organisée au début de la guerre, et plus tard l'administration communale.

Par suite des complications apportées par la guerre à l'administration de la commune (2), des renseignements et des visas nécessaires pour les permissions, ainsi que de l'organisation de l'alimentation publique, les bureaux de la mairie durent fournir un travail écrasant. M. Dallègre, secrétaire titulaire, reçut un auxiliaire et mourut à la tâche à la fin de la guerre ; M. Lème, délégué au ravitaillement, reçut également une secrétaire auxiliaire.

Après vingt mois de guerre, les stocks de denrées alimentaires accumulées dans le passé commencèrent à faire défaut ; en mai 1916, les pâtisseries et confiseries furent fermées, puis successivement les populations furent rationnées pour le sucre, la viande et même le pain (3). Les restrictions de pétrole et d'essence furent imposées plus tard.

Ceux-là seulement qui ont vécu ces jours d'angoisse peuvent se faire une idée de la physionomie que présentait alors notre localité.

---

(1) Au début de la guerre, l'imprimerie Portailler publia une petite feuille, « la Dépêche », qui eut quelques succès auprès des gens de la campagne.

Au début de 1916, on commença à voir au Coteau quelques familles espagnoles, attirées par l'Arsenal de Roanne. Le Coteau hébergea également des Arabes et des Chinois.

(2) La mobilisation ne fut pas nuisible qu'aux intérêts privés ; elle mit aussi en souffrance plusieurs grands services publics. Les employés de chemin de fer furent astreints à un service long et pénible, et les écoles de garçons, tant publiques que libres, furent obligées de faire appel à un personnel féminin de fortune, recruté parmi d'anciennes institutrices, ou de jeunes filles brevetées. Les unes et les autres furent à la hauteur de leur tâche et montrèrent une bonne volonté, une activité et un dévouement au-dessus de tout éloge.

(3) Le pain fut particulièrement mauvais au printemps de 1918 ; il avait un goût âcre et une couleur verdâtre. La digestion en était difficile et parfois douloureuse.

Un lourd silence pesait sur l'agglomération : peu de cris, point de chants, point d'instruments de musique : le silence n'était rompu que par les sirènes des usines, appelant au travail, et parfois par de longs convois automobiles se rendant au front pour servir au ravitaillement ou au transport des troupes. Il fut impossible d'entretenir les rues comme par le passé et de les maintenir dans un état strict de propreté. Cependant, on fit de louables efforts pour les conserver en état de viabilité et faire disparaître les débris ménagers ; il faut reconnaître que, sauf pendant les rigoureux hivers de 1917 et 1918, la population n'eut pas à souffrir de l'accumulation des neiges, des cendres et des déchets urbains.

Lorsque la nuit tombait, l'aspect triste de l'agglomération devenait lugubre. Non seulement nul bruit ne se faisait entendre, mais encore une obscurité profonde régnait, car on n'allumait que de rares becs de gaz aux croisements des rues. Ces vestiges d'éclairage étaient même supprimés pendant l'été et lorsque la lumière de la lune facilitait la circulation. Au surplus, dès que la nuit noire était venue, les familles restaient confinées à la maison et beaucoup d'entre elles, absorbées pendant la journée par les affaires, profitaient des loisirs de la veillée pour parler des absents qui combattaient au loin, ou des morts que les communications officielles annonçaient fréquemment.

Dès le début de la guerre, on s'était préoccupé de venir en aide aux malheureux, et dans ce but des soupes et des rations populaires furent distribuées d'abord à l'école communale de filles, puis dans un local de la rue Saint-Marc. Ces distributions gratuites furent ensuite supprimées lorsque les allocations permirent aux familles des mobilisés de subvenir elles-mêmes à leur entretien. Mais la population de l'arrière ne fut pas seule l'objet de la sollicitude de l'administration municipale. Celle-ci organisa des journées dites de bienfaisance : journées du 75, des Belges, du Poilu, des Orphelins de guerre, des Serbes, des troupes coloniales, etc., au cours desquelles d'aimables quêteuses et de gentils quêteurs sollicitaient la générosité des passants et des promeneurs.

Une œuvre éminemment utile fut celle des prisonniers de guerre, créée en octobre 1916. Cette œuvre qui avait pour président M. Bert, maire ; comme vice-président M. Garenne et MM. Déragne et Dozance pour secrétaire et trésorier, rendit de grands services aux soldats du Coteau et prouva à nos prisonniers comme à nos combattants, que leurs compatriotes ne les oubliaient pas. A partir de sa fondation, jusqu'au 11 novembre 1918, elle recueillit, grâce aux cotisations mensuelles de ses membres et aux souscriptions volontaires, près de 15.000 francs. Quinze cent quarante-cinq colis furent envoyés aux prisonniers et trois cent trois aux soldats. Les premiers représentaient une valeur de 11.930 francs, et les seconds environ 1170 francs.

Au printemps de 1918, alors que la terre se parait de verdure et de fleurs, les populations connurent des jours d'angoisse. Ce fut à cette époque, — fin mars, — que l'offensive allemande de la Somme conduisit les Germains à Montdidier et aux portes d'Amiens, et que la seconde offensive de la Marne, en juillet, les amena sur les lisières des forêts de Compiègne et de Villers-Cotterets, presqu'aux portes de Paris. Les habitants des pays envahis s'enfuirent de toutes parts et l'on vit arriver au Coteau ces petits paquets de réfugiés lamentables, aux traits tirés et fatigués, aux vêtements fripés et parfois en lambeaux. Les internés civils rapatriés d'Allemagne après l'armistice devaient, pauvres loques humaines, nous offrir des spectacles plus navrants encore.

Mais enfin voici le 16 juillet et le commencement de la grande offensive française ; les moins avertis sentent que la fin de la guerre est proche. Chaque jour, on attend le communiqué avec impatience, et toujours la déception de ne pas y trouver la décision tant désirée. Pourtant les événements se précipitent: Français, Anglais et Américains gagnent du terrain et auront bientôt rejeté l'ennemi hors de la patrie. Les allemands se sentent perdus, et le 11 novembre, ils signent l'armistice. Cette nouvelle, connue vers les 11 heures du matin, réjouit tout le monde et aussitôt, comme par enchantement, les drapeaux sortent de toutes parts, les maisons se pavoisent aux couleurs nationales et la population, en habits de fête, se répand dans les rues ; le chômage est général, on cause, on discute avec animation ; en quelques minutes le Coteau a repris la physionomie qu'il avait autrefois, les jours de réjouissance publique. Cependant, bien des jours devaient encore s'écouler avant la conclusion de la paix !

Dès le 17 novembre les prisonniers commencèrent à rentrer. Le 2 décembre, le Comité de Secours décida de remettre à l'ensemble des Prisonniers de guerre rapatriés, la totalité des ressources, espèces ou marchandises et aliments restant disponibles.

Le 25 décembre, les Prisonniers de guerre, dans une réunion générale, nommèrent une commission pour la répartition entre eux des ressources mises à leur disposition. Avant de se séparer, les membres de la réunion, désireux de voir se perpétuer dans notre ville le souvenir de leurs chers camarades tombés pour la défense de la Patrie, firent une collecte destinée à ériger un monument commémoratif. Cette collecte produisit la somme de 407 francs qui fut remise à M. Bert, maire de la commune. Ce beau geste fut hautement apprécié et loué par la population du Coteau.

Les livres sacrés qui nous racontent les premiers conflits armés qui mirent aux prises les races et les civilisations primitives, observent que la guerre semble un fléau générateur de la peste et de la famine. Il en fut ainsi au cours de la guerre de 1914-1918. Pendant que les destinées du monde se jouaient sur la Marne, une violente épidémie de grippe sévit sur le monde entier. Appelée d'abord grippe chinoise, elle fut dite ensuite grippe espagnole, en raison des ravages qu'elle exerça en Espagne, où elle décima la population. Au Coteau, elle fut moins grave ; la mortalité de 1918 fut pourtant de quarante pour cent supérieure à celle des années ordinaires.

Quant à la famine, si elle ne sévit pas avec l'intensité des temps passés, il faut l'attribuer aux mesures prises par l'Etat et aux matières premières que nous fournirent nos alliés, particulièrement les Américains. L'intervention des nations alliées n'empêcha pourtant pas les denrées alimentaires d'atteindre une valeur quatre à cinq fois supérieure à celle qu'elles avaient avant la guerre. Après la conclusion de la paix, elles s'établirent à un prix environ quatre fois supérieur au prix d'avant-guerre. Les causes diverses et complexes qui ont amené ce renchérissement de la vie mettront de longues années à disparaître.

Au cours des premiers mois de 1919, la démobilisation fit rentrer dans leurs foyers les hommes des classes appelées sous les drapeaux pour la durée de la guerre. Leur retour au Coteau contribua à rendre à notre ville son aspect et sa vie d'autrefois. Dès lors, on se préoccupa de rendre hommage aux morts glorieux en célébrant la fête de la *Reconnaissance Nationale*. Cette fête eut lieu à Paris le 14 juillet, elle se célébra ensuite dans toutes les communes de France. Le Coteau honora ses morts le dimanche 3 août. Le programme comportait un défilé au cimetière et une messe à l'église paroissiale.

Le cortège se forma sur la place de l'Hôtel de Ville et à 9 heures se rendit au cimetière. Le défilé s'ouvrait par les élèves des écoles publiques et libres, conduits par leurs Instituteurs et Institutrices, puis venaient les Sociétés de Gymnastique, les Mutilés, le Conseil municipal, les Vétérans de 1870-1871, le Clergé paroissial entouré des cheminots et des membres de l'Union catholique Saint-Marc, enfin la Société de Secours mutuels. Un grand nombre d'habitants suivaient le cortège. Sur tout le parcours les tambours et clairons se firent entendre. Au cimetière, M. le Maire prononça une émouvante et patriotique allocution, puis les assistants écoutèrent avec un respect silencieux et impressionnant, la longue liste des soldats du Coteau morts pour le salut de tous. Cette lecture faite, le cortège se reforma et se rendit à l'église, où une messe de *Requiem* fut chantée pour le repos des âmes des morts de la grande guerre.

Trois mois après, le premier dimanche de novembre, on célébra à l'église la fête du Souvenir. A l'Evangile de la messe de *Requiem*, M. le Curé rappela à ses paroissiens qu'il comptait sur leur générosité pour élever dans l'église paroissiale un monument à la mémoire des morts. Ce futur monument ne serait pas un tableau mobile contenant une liste écrite sur un papier fragile avec de l'encre qui pâlit et s'efface, mais des plaques de marbre surmontées d'une croix, symbole du renoncement et de l'abnégation totale des victimes de la guerre. Leurs noms, gravés sur ces tables, rappelleraient aux générations futures le souvenir des morts de la Grande Guerre.

Les paroissiens répondirent avec empressement à la demande du pasteur. Le monument commémoratif fut en effet inauguré le 7 novembre 1920. Il se compose de deux plaques de marbre au-dessus desquelles un groupe représente le Christ recevant un soldat mort pour son pays. Ce groupe, œuvre du sculpteur Dumas, fait naître dans les cœurs éprouvés une pensée consolante et pleine d'espérance.

Une leçon non moins éloquente nous est donnée par cette longue liste de noms gravés sur les deux tableaux.

C'est pour la civilisation, nous disent-ils, que nous avons lutté contre l'envahisseur, et cette civilisation, qui donc l'apporta au monde, la fit croître et la maintient dans notre France ? L'Evangile ! Pour que notre effort ne soit pas stérile, pour que notre sang reste fécond, Français, demeurez fidèles à la loi du Christ ; veillez à la bonne et ferme éducation de la jeunesse ; aimez-vous, aidez-vous les uns les autres, gardez-vous de ce qui amoindrirait en vous, à vos foyers, dans la paroisse, l'esprit chrétien et la valeur morale !

Voici maintenant les noms de ces héros ; nous les donnons ici parce que nous estimons qu'en les citant, nous remplissons un devoir sacré ; nous plaçons sous les yeux des contemporains un exemple vivant et salutaire et mettons dans leur cœur et sur leurs lèvres une prière reconnaissante pour ceux qui se sont sacrifiés pour le salut commun.

Nous ajoutons à leurs noms quelques indications sur leur mort et le lieu où ils sont tombés, dans la pensée que leur famille et leurs concitoyens aimeront à retrouver ici ces trop brefs renseignements qui ne peuvent être inscrits ni sur les tableaux de l'église, ni sur le monument que la commune se propose d'élever à leur mémoire et pour lequel, on s'en souvient, une délégation de mutilés a fait avec un rare dévouement une quête à domicile :

Royet Jean-Paul-Léon, adjudant au 4e hussards, tombé le 3 septembre 1914, à la ferme de la Maison-Rouge (Aisne).

David Marius, sergent fourrier au 298e d'infanterie, tué au combat de Fosse-Martin, le 8 septembre 1914.

Fragne Jean-Louis, soldat au 298e d'infanterie, tué à Fosse-Martin, le 12 septembre 1914.

Mouiller Pierre, soldat au 159e d'infanterie, tué au combat de Cirey, le 16 septembre 1914.

Eliat François, soldat au 298e d'infanterie, mort le 16 septembre 1914, à Longueil-Armel (Oise), des suites de ses blessures.

Brémond Pierre, soldat au 35e d'infanterie coloniale, tombé sur le champ de bataille, à Hamonville (Meurthe-et-Moselle), le 7 octobre 1914.

Guingand Joanny, soldat au 5e régiment d'infanterie coloniale, tombé au champ d'honneur et inhumé le 15 octobre 1914 à Saint-Benoît (Vosges).

Jacquet Jean-Marie, soldat au 299e d'infanterie, décédé le 10 décembre 1914 à l'hôpital de Bourges (Cher).

NIGRON Antoine, sapeur-mineur au 29e bataillon de génie, tombé au champ d'honneur, le 22 décembre 1914, au combat livré au sud d'Ypres.

MARTIN Eugène-Claude-Marie, soldat au 159e d'infanterie, tombé au champ d'honneur aux combats d'Aspach-le-Bas (Alsace), les 25, 26 et 27 décembre 1914.

PERRIER Jean-Baptiste, soldat au 298e d'infanterie, tombé au champ d'honneur à Vingré le 29 octobre 1914.

LEFRANC Etienne-Pascal, soldat au 159e d'infanterie, tombé au champ d'honneur, dans les combats des 25, 26 et 27 décembre 1914, à Aspach-le-Bas (Alsace).

VOIRON Henri, soldat au 298e d'infanterie, tombé au champ d'honneur, antérieurement au 12 septembre 1914, région de St-Soupplets (Seine-et-Marne).

BOY Gustave-Antoine, soldat au 17e d'infanterie, décédé antérieurement au 16 février 1915 et inhumé par les Allemands.

BOIRON Alphonse, soldat au 27e de ligne, décédé antérieurement au 16 février 1915, suite de blessure de guerre, et inhumé par les Allemands.

LAMURE Claude-Henri, maître pointeur au 38e d'artillerie, tombé sur le champ de bataille à Flirey (Meurthe-et-M.), le 8 avril 1915.

PLASSE Louis-Jules, soldat au 299e d'infanterie, tué à l'ennemi au combat du Haut-de-la-Paxe, le 30 août 1914.

ROIRE Jean, soldat au 159e d'infanterie, tombé au champ d'honneur le 17 avril 1915.

ROUGERON Philibert, soldat au 6e d'infanterie coloniale, tombé au champ d'honneur au combat des Trois-Ravins, le 28 mars 1915.

MARTIN Ernest, soldat au 28e bataillon de chasseurs, blessé à Metzeral, le 21 juin 1915, décédé à l'hôpital des Sources, à Bussang, le 24 juin 1915.

CHAILLON Antoine, caporal fourrier au 83e d'infanterie, tombé au champ d'honneur, le 16 juin 1915, devant Arras.

MOUILLER Michel, caporal au 22e bataillon de chasseurs à pied, mort pour la France à Metzeral, le 30 juin 1915.

MARTIN Alfred-Pierre, soldat au 2e zouaves, tombé au champ d'honneur, antérieurement au 27 décembre 1914, sur le territoire de la commune d'Auvelais (Belgique).

VACHERESSE Jean-Antoine, soldat au 22e bataillon de chasseurs à pied, mort pour la France, le 21 juin 1915, à Metzeral.

VERMOREL Jean, caporal au 16e d'infanterie, décédé à l'hôpital de Montbrison.

Carigelle Joseph, caporal au 100e d'infanterie, tombé au champ d'honneur, le 9 avril 1915, à Regnéville.

Paput Claude, soldat au 104e territorial, décédé suite de maladie contractée au service.

Goutailler Pierre, soldat au 175e d'infanterie, décédé le 12 août 1915, à l'hôpital de Moudros, suite de fièvre typhoïde.

Prat Noël, soldat au 6e d'infanterie coloniale, mort pour la France, le 12 août 1915, au bois de la Grurie.

Berthet Jean, soldat au 17e bataillon de chasseurs à pied, tombé pour la France, le 7 octobre 1915, à Vimy.

Méant Jean-Baptiste, soldat au 17e d'infanterie, tué le 14 octobre 1915, à Souchez.

Chapelle Joannès, sergent au 87e d'infanterie, tombé au champ d'honneur, le 14 octobre 1915, à Tahure.

Laget Pierre, soldat au 75e d'infanterie, tombé pour la France, au camp de l'Aiguille, décès constaté le 9 novembre 1915.

Lionnet Alphonse-Elisée-Lazare, soldat au 22e d'infanterie, mort pour la France, le 27 septembre 1914, à Foucaucourt (Somme).

Clautrier Jean-Marie, soldat au 372e d'infanterie, décédé des suites de maladie contractée au service.

Descours Jean-Marie, soldat au 1er régiment d'artillerie, détaché des sapeurs télégraphistes, 8e génie, décédé à l'hôpital auxiliaire 105, de Saint-Cloud.

Saby Auguste, 121e d'infanterie, tué à l'ennemi le 13 mars 1916, à Recicourt (Meuse), inhumé dans l'annexe du cimetière de Recicourt.

Fournet Claude, caporal au 247e d'infanterie, décédé le 12 mars 1916, à Prosnes, en avant du Bois-Noir, inhumé au cimetière de Moscou.

Goutaudier Paul, soldat au 16e d'infanterie, mort pour la France, le 12 mars 1916, à l'ambulance 15/6 de Blercourt (Meuse).

Lathuillière Jean-Louis, soldat au 356e d'infanterie, tombé au champ d'honneur, le 29 mars 1916, au combat région Saint-Hilaire-Somme-Py.

Roche Simon, soldat au 98e d'infanterie, tombé au champ d'honneur, le 14 mars 1916, au Bois des Corbeaux (Meuse).

Thévenet François, soldat au 326e d'infanterie, tué à l'ennemi, le 26 mars 1916, au Bois Hawé (Verdun).

Grognet Etienne, soldat au 298e d'infanterie, tombé au champ d'honneur, le 6 juin 1916, à Verdun.

Beluze Alphonse, soldat au 121e d'infanterie, tué à l'ennemi, le 23 mai 1916, au Mort-Homme.

JUNET Louis, soldat au 298e d'infanterie, tué à l'ennemi, le 6 juin 1916, au fort de Vaux.

COLOMBAT Louis, caporal d'infanterie, tombé au champ d'honneur au combat d'Hardecourt (Somme), le 8 juillet 1916.

CHAUX François, soldat au 329e d'infanterie, mort à l'hôpital complémentaire n° 25, à Nantes, le 21 octobre 1916.

MONCORGER Claude-Victor, soldat au 133e d'infanterie, tombé au champ d'honneur, le 30 juillet 1916, au combat de la Somme.

THIBAUT Vincent, caporal au 414e d'infanterie, tué à l'ennemi, le 2 août 1916, devant Verdun, secteur Tavannes (Meuse).

DESSEIGNET Jean-Joseph, au 358e d'infanterie, décédé le 2 août 1916, à l'ambulance 5/55 de Salvange (Meuse), blessure reçue sur le champ de bataille.

BÉRARDIER Louis, caporal au 11e bataillon de chasseurs à pied, mort pour la France, le 16 août 1916, à Maurepas (Somme).

EPINAT Joseph, soldat au 112e d'infanterie, tué à l'ennemi, le 28 août 1916, à Avocourt.

GOUTAUDIER Alfred-Benoît, soldat au 416e d'infanterie, tué à l'ennemi, le 25 août 1916, au secteur de La Laupée.

BALOUZET Jacques-Charles, caporal au 38e d'infanterie, tué à l'ennemi au combat de la Somme, le 9 septembre 1916.

AUDINET Marius-Philibert, soldat au 333e d'infanterie, décédé à l'hôpital temporaire n° 12, le 18 septembre 1916, suite de blessure de guerre.

FOUGERAS Clément, soldat au 38e d'infanterie, décédé à l'ambulance 1/21, secteur 117, suite de blessure de guerre.

RECORBET Antoine-René-Pierre-Joachim, soldat au 121e d'infanterie, tué à l'ennemi le 6 septembre 1916, au combat du Bois Triangulaire, entre Lhions et l'ouest de Chaulnes.

NOGUÈS Jean-Joseph, capitaine au 9e régiment de génie, décédé à l'hôpital temporaire n° 6, à Salonique, le 9 octobre 1916.

SAYS Vital, sapeur au 121e d'infanterie, tué à l'ennemi au village de Lhions (Somme), le 16 octobre 1916.

GRANGETTE Georges, soldat au 175e d'infanterie, décédé au champ d'honneur, le 19 septembre 1916, à Petorak (Grèce).

PASCAL Léon-Jacques, soldat au 88e d'infanterie, mort au champ d'honneur, le 16 décembre 1916, à Thuizy (Marne).

LAURENT Joseph, caporal au 98e d'infanterie, tombé au champ d'honneur, le 3 décembre 1916, à Vaissières.

RAQUIN Louis, caporal au 54e d'infanterie coloniale, tombé au champ d'honneur, le 3 novembre 1916, au corps expéditionnaire d'Orient.

Pion Antoine, soldat au 140e d'infanterie, tombé au champ d'honneur, le 16 août 1916, au Bois du Chenois, commune de Damloup (Meuse).

Roche Benoît, soldat au 22e d'infanterie, tué à l'ennemi le 2 septembre 1914, à Rougiville (Vosges).

Vaginay Claude-Marius, soldat au 2e régiment de tirailleurs indigènes, mort pour la France le 15 décembre 1916, à 400 mètres sud-ouest de la Ferme des Chambrettes (Meuse).

Sapin Charles, conducteur au 18e escadron de train, décédé à l'ambulance à Mourmelon-le-Petit (Marne), suite de blessure de guerre.

Gitenay Marius, caporal au 96e d'infanterie, tué à l'ennemi, le 30 juin 1917, au Mort-Homme (Meuse).

Barras Marius, caporal au 87e d'infanterie, mort pour la France, le 20 juillet 1917, à la côte 304 (Meuse).

Leblond François, soldat au 65e d'infanterie, mort pour la France au combat de Moulin-sous-Tous-Vents (Aisne), le 18 juillet 1917.

Grangeon Thomas, soldat au 102e d'infanterie territoriale, mort pour la France, le 12 août 1917, au secteur de Creute-Saint-Blaise, commune de Nanteuil-la-Fosse (Aisne).

Saquet Henri, soldat au 87e d'infanterie, tombé au champ d'honneur, le 17 juillet 1917, devant la Côte 304, commune d'Esnes (Meuse).

Ovise Narcisse, soldat au 8e zouaves, tué le 20 août 1917, à Verdun, nord de Chattaucourt (Meuse).

Perrin Louis-Jacques, soldat au 98e d'infanterie, tombé pour la France, au combat d'Avocourt (Meuse), le 20 août 1917.

Vaginay Joanny-Léon, soldat au 2e d'infanterie, mort pour la France, le 9 septembre 1917, à Samogneux (Meuse).

Garde Jean-Joseph, sergent au 168e d'infanterie, décédé au Centre hospitalier de Souilly, le 11 septembre 1917, suite de blessure de guerre.

Darpheuille Joannès, soldat au 51e bataillon de chasseurs alpins, décédé à l'hôpital mixte de Roanne, mort pour la France, le 16 février 1918.

Bouchard Jean-Marie, soldat au 121e d'infanterie, tué à l'ennemi au combat du secteur de Noviant-aux-Prés, le 27 janvier 1918.

Pardon Aimé, soldat au 92e d'infanterie, décédé à l'hôpital de Saintes, le 30 mars 1918, des suites de ses blessures.

Duc Sylvain, brigadier au 14e dragons, tombé au champ d'honneur, le 4 mai 1918, au secteur de Loire (Belgique).

Joanin André, médaillé militaire et de la croix de guerre, sergent au 120e d'infanterie, mort à l'ambulance 9/2, le 9 avril 1918, suite de blessure de guerre.

COMTE Marius, soldat au 7e cuirassiers, tombé au champ d'honneur, décédé à l'ambulance anglaise, le 1er mai 1918.

RECORBET François, soldat au 413e régiment, mort pour la France le 29 avril 1918, à Locre (Belgique).

DARMAIZIN Claudius, soldat au 171e d'infanterie, décédé à l'hôpital temporaire n° 55, à Clermont-Ferrand, le 3 juillet 1918.

GALLET Auguste, lieutenant aviateur, mort pour la France, à Mesnil-sur-Oger (Marne), le 5 juillet 1918.

POUDE Louis-Maurice, canonnier au 253e régiment d'artillerie, mort pour la France au combat d'Echelle, le 31 juillet 1918.

ROBERT Jean, infirmier, décédé à l'ambulance 212, à Mosch (Alsace).

CURCIS Roger-Marius, aspirant au 105e d'infanterie, tué à l'ennemi, le 29 juillet 1918, à Plessis-Huleu (Aisne).

TROUILLET Marcel-Édmond, au 279e d'infanterie, mort pour la France, à l'hôpital complémentaire d'armée n° 19, le 21 septembre 1918.

GERIN Camille-Louis-Claude, tombé au champ d'honneur, le 25 août 1918, à Bruys (Aisne).

TRAOUELET Félix, du 113e d'artillerie lourde, décédé à l'hôpital de la côte Saint-André (Isère).

FOURNIER Henri, du 53e d'infanterie, mort pour la France, le 20 août 1918, à Sept-Saulx (Marne).

COLETTI Alexandre, canonnier au 47e d'infanterie, tombé au champ d'honneur, le 24 juillet 1918, au nord de Cormoyeux (Marne).

DUMAS Antoine, soldat au 298e d'infanterie, disparu à Vingré (Aisne), déclaré mort pour la France le 20 septembre 1914.

GODARD Jean-Claude, soldat au 340e d'infanterie, tué à l'ennemi le 28 août 1918, à Juvigny (Aisne).

DELAYE Léonard, soldat au 17e d'infanterie, tué à l'ennemi, à la côte 134, sud-est de Saint-Quentin-le-Petit (Ardennes).

VACHER Pierre-Marie, au 35e d'infanterie territoriale, mort pour la France, au combat de Benton-sur-Serre, le 29 octobre 1918.

LAPIERRE Antonin, caporal au 2e bataillon de chasseurs, mort pour la France à l'hôpital de Troyes, le 19 octobre 1918.

LEBIGRE Fernand-Henri, au 98e d'infantèrie, tombé au champ d'honneur, le 31 juillet 1918, à Grand-Rozoy (Aisne).

MUGUET Jean-Marie, au 98e d'infanterie, mort à l'hôpital temporaire n° 26, à Roanne, le 15 septembre 1918.

GUERRE Claude-Elie, 129e d'infanterie, mort pour la France, le 27 mai 1918, au combat du Bois-le-Prêtre.

DULAC Pierre, 121ᵉ d'infanterie, décédé le 12 août 1918, à l'hôpital temporaire n° 26, à Roanne.

ROCHEFORT Pétrus, caporal au 8ᵉ d'infanterie, disparu le 15 février 1917, à la Ferme Beauséjour (Marne).

GAY Joseph, lieutenant au 121ᵉ d'infanterie, décédé à l'ambulance 3/20, à Montigny-les-Metz, le 6 décembre 1918.

SAYS Louis, au 230ᵉ d'infanterie, mort pour la France, au combat de la région de Vaux-les-Mourons (Ardennes), le 3 octobre 1918.

MARCET Piérre, soldat au 54ᵉ d'infanterie, mort au champ d'honneur, le 1ᵉʳ novembre 1918, au secteur de Singeu-Eyne, canton d'Audenarde (Belgique).

JOURDAIN François, soldat au 20ᵉ escadron du train, mort pour la France, le 14 novembre 1918, à l'ambulance 14/6, de maladie contractée au service.

FROMENT Benoît, soldat au 98ᵉ d'infanterie, mort pour la France, à l'hôpital auxiliaire n° 74, à Paris, le 9 janvier 1919.

OLIVIER Auguste, caporal au 26ᵉ d'infanterie, mort pour la France, le 18 juillet 1918, à Pernaut (Aisne).

GEORGES Claudius, mort pour la France, à Barleux, le 4 septembre 1916.

JOASSON Joseph, soldat au 298ᵉ d'infanterie, mort pour la France à Verdun, le 6 septembre 1916.

PORTE Jean-Emile, sergent-major au 20ᵉ tirailleurs sénégalais, décédé à Uskul (Serbie), le 26 octobre 1918.

BILLARD Charles-Louis, soldat au 339ᵉ d'infanterie, mort pour la France à Bagneux (Aisne), le 29 août 1918, en se portant vaillamment à l'assaut des positions ennemies.

PLACE Louis, soldat au 98ᵉ d'infanterie, mort pour la France, le 29 septembre 1914, à Canny-sur-Matz.

CHASSAGNE Jacques, soldat, mort pour la France le 20 septembre 1914, à Vingré.

DAVID Marius, sergent, mort pour la France le 8 septembre 1914, à Fosse-Martin.

TROUILLET Marcel-Edmond, soldat au 279ᵉ d'infanterie, mort pour la France, le 29 juin 1918.

SAQUET Antoine, soldat au 99ᵉ d'infanterie, mort pour la France au Ban de Sapt, le 13 septembre 1914.

COPIN François, à la 7ᵉ Compagnie, disparu le 25 septembre 1915, à Perthe-les-Hurlus (Champagne).

FOUILLAND Henri, classe 1900, soldat au 17ᵉ d'infanterie, inhumé le 2 mars 1921, à Notre-Dame de Lorette.

MARGOTTON Emile, cavalier au 11e cuirassiers, mort le 25 septembre 1918 à Vichy (Allier), des suites de ses blessures.

BERRY Claude, soldat au 329e d'infanterie, éclaireur, mort pour la France.

SIMON Claude-Marie.

VINDRIER François.

GAILLARD Joseph.

DUPERRAY Louis.

BOUDRY Claudius.

Cette longue énumération, aussi complète que possible, ne saurait présenter la liste de tous ceux qui ont fait le sacrifice total. Malgré la meilleure bonne volonté, une telle liste serait sans doute impossible à établir, car elle devrait contenir les noms de ceux qui sont morts pendant ou après la guerre, des suites de blessures ou de maladies contractées au service et dont le décès n'a fait l'objet d'aucune communication officielle, ceux, enfin dont la guerre avancera le trépas et que Dieu seul connaît.

***

A la suite de nos morts glorieux une place d'honneur doit être réservée aux mutilés et grands blessés. Ils nous donnent eux aussi une belle leçon d'énergie, de courage et de patriotisme. Voici les noms de ces braves ; nous les devons à l'obligeance du dévoué secrétaire de l'Association des Mutilés du Coteau :

Le Docteur HENRY, Président d'Honneur.
Jean DUFOUR, Président.
Louis LESPINASSE, Vice-Président.
Georges CHAPELLE, Secrétaire.
Joseph PLASSE, Secrétaire-Adjoint.
H.-Jean CORCELLE, Trésorier
André BÉNETIÈRE, Trésorier-adjoint.
Jean FRANCHON, Administrateur.
Jean MAGNIN, Administrateur.

Louis LAPLACE.
Marius VERMILLIÈRE.
Jean FRICAUD.
Georges BAURIER.
Georges DOZANCE.
Francisque GOUTTEBARON.
Antonin RAJAT.
Jean CHEVRETON.
Jean CHAIZE.
Charles BERGER.
Jacques PRATTA.

Benoît JOUBERT.
Claude CÔTE.
Jules POLLOCE.
Jean EPINAT.
Claudius DUPUY.
Antonin DUPUY.
Pierre GRAND.
Jean GROGNET.
Jean MICHON.
Louis MARCEL.
Claude DRAIN.

Antonin NIGRON.
Jean ARTHAUD.
CHAMBONNIÈRE, représentant.
BUSSY, mécanicien.
SOLLE, charcutier.
SUCHEL, cultivateur.
Bertrand DELOIRE.
BROCHARD Louis.
Benoît GROUZIER.
Joseph CHOLET, ébéniste.
GARCIN, cordier.
Albert CURCIS.
Jean DUMARCHÉ.
DÉCHELETTE.
Marius CORREAUD.
Ernest PIGERON, épicier.
Adrien CRESPIN.
Jacques CRESPIN.
Paul LAIR.
Marius DONJON.
Benoît LEFRANC.
Joanny BONNEFOY.
FÉLY, employé au P. L. M.
Jean LAGOUTTE.
Léonard ALEX.
Jean ROFAT.
Joannès DONJON.
Jean PERRET.
Antoine PERRAUD.
Auguste ACCARY.
BARNAY, coiffeur.
Jean ROUGEON.
GERIN, rue de la Mairie.
Claude GARDE (décédé).
Henri TUFET (décédé).
Pierre GIMET.
Désiré DESNEULINS
Claude DÉMURGER.
THORAL, *représentant.*
Jules SAPIN.
Henri CARTHALA
Jean BIGNON.
Louis BAIZET.

Les braves qui portent ces noms vivent au milieu de nous, ils sont l'objet du respect et de la reconnaissance de tous. Le temps en s'écoulant, loin d'affaiblir ces sentiments ne fera qu'augmenter le nombre et la qualité des témoignages de gratitude que nous leur donnerons.

A côté des mutilés, il convient de citer les noms des prisonniers qui pendant de longs mois — quelques-uns pendant plusieurs années — subirent les privations et les tourments d'une dure captivité en Allemagne. Ceux qui ont souffert pour la même cause ne méritent-ils pas les mêmes honneurs ?

MOLETTE Léon.
LHENRY Claude.
CRÉTIN Claude-Marie.
BARDIN Jules-Auguste.
GOYET Laurent.
GODARD Antoine.
CHAMUSSY Henry.
MARCEL Joannès.
CHASSIN Benoît-Henri.
PROST Joanny.
PURAVET Claude.
GAIGNETTE Philibert.
DEUNEULIN François.
FRANDON Joseph.
ROCHE Edouard.
DÉROCHE Etienne.
SEYVE Laurent.
ALLIER Claude.

Vacheron Jean-Baptiste.
Leparesseux Antoine.
Cherpin Marius.
Duvouldy Marius.
Bolard Paul.
Sivade Toussaint.
Plantard Claude.
Colombat Julien.
Chaux Claudius.
Billon Pierre.
Tribollet Joseph.
Jourlin Jean-Marie.
Crétollier Jean.
Giraud Romain.
Devert Antonin.
Marcellin André.
Moissonnier Jean.
Rigolet Henri.
Chiéa Giacomo.
Dusausoy Jean.
Deschavannes Etienne.
Gigaudaud Célestin.
Chirat Joannès.
Poude Claudius.
Billard Edouard.
Chamussy Marcel.
Echasson Pierre.
Dulac Jules.
Lavergne François.
Travard Noël.

***

Le livre qui contiendrait le récit des privations et des souffrances endurées par nos prisonniers en Allemagne, serait un beau manuel d'endurance, de dignité et de fermeté de caractère ; mais ce volume plein d'enseignements en appellerait un autre non moins émouvant et plus varié. Ce livre contiendrait le récit des actes d'héroïsme, des traits de courage qui valurent à bon nombre de nos concitoyens d'être cités à l'ordre du jour, du régiment, de la division, de l'armée. En attendant qu'un tel livre plein de récits dramatiques et attachants soit écrit, on nous saura gré de citer les noms de ceux qui obtinrent cet insigne honneur :

Audinet Marius.
Bardin Louis (3 cit.).
Ballansat Léon.
Balouzet Charles.
Bellet-Delile Louis.
Bénetière André.
Berger Charles.
Bernard Joseph (2 cit.).
Billard Edouard (3 cit.).
Billard Jean-Antoine.
Billard Charles-Louis.
Bonnet Benoît-Marius.
Bouchard Jean-Marie.
Bouiet Joseph.
Boy Pierre.
Brison Jean (2 cit.).
Brison Jean-Louis.
Brossard Jean.
Broussole Pierre.
Bussy Baptiste.
Carminet Jean.
Chaillon Antoine.
Chaillon Antoine-Louis.
Chaize Jean (3 cit.).
Chapelle Joannès.
Chapelle Georges.
Charret Pierre.
Chatelain Georges.
Coletti Alexandre.
Colombat Louis.

Comte Marius.
Darcy Pierre.
David Jean (4 cit.)
Déclas Louis.
Denis Adrien.
Déperrier Joannès (5 cit.).
Deschavannes Etienne (2 cit.).
Desportes Louis.
Deuneulin Charles.
Donjon J.-Antonin.
Dozance Georges (3 cit.).
Duc Alphonse.
Duc Sylvain.
Duchet Claudius.
Dufour Jean-Marie.
Duperray Louis.
Echasson.
Epinat Jean.
Fargeot Pierre-Lucien.
Fauvet Albert (2 cit.).
Fontenille Paul.
Forges Joseph (2 cit.).
Fougeras Clément-Benoît.
Fournier Marcel.
Fricaud Antoine (2 cit.).
Froment Benoît.
Gallet Auguste (deux cit.).
Garde Pierre.
Garde Joannès.
Garret Romain.
Gay Joseph.
Génuit François.
Girardet Jean (5 cit.).
Godard Eugène-Louis.
Gonin Pierre (3 cit.).
Govart Jean.
Grangeon Thomas.
Grognet Jean (2 cit.).
Henry André (2 cit.).
Joanin.
Joannin André.
Joubert Benoît.
Junet Louis.
Lamure Pétrus.
Laplace.
Laplace Henri.
Lasseigne Ernest.
Lathuillière Claude.
Laurent Joseph.
Lebigre Fernand (3 cit.).
Lebigre Hippolyte.
Legros Henri (2 cit.).
Martin Raoul (3 cit.).
Méant Paul.
Méhu Louis.
Merle Joseph.
Michon Jean-Claude.
Miolane Claudius (4 cit.).
Moncorger Victor.
Mouzy Claudius.
Nicolle Claudius (2 cit.).
Nigron Louis.
Paire Claudius (2 cit.).
Pallandre Lucien.
Patoret Philibert.
Perrin Louis-Jacques.
Perraud Jean-Claude.
Pizay Pierre.
Pizay Mathieu (2 cit.).
Poyet Emile.
Prat Noël.
Pratta Louis (2 cit.).
Raquin Louis.
Recorbet François.
Regeffe Jean.
Remontet Louis.
Rémy Marius-Noël-Francis.
Riveret Louis.
Rivollier Emile.
Royet Louis.
Royet Paul.
Rozier Roger-Paul-François.
Sainlager Jean.
Sapin Charles.
Says Louis.
Says Vital.

Sec Jean.
Ségéral Fernand.
Ségéral Lucien.
Seguin Michel-Pierre (2 cit.).
Seyve Laurent.
Simon Claude.
Vacheron Philippe (2 cit.).
Vaginay Léon.
Velle André (3 cit.).
Vernay Pierre (2 cit.).
Vérot Francisque.
Vignand Jean.
Villembucher Joseph.
Vincent Claude-Marie-Félix.

***

Tels sont les noms de ceux qui ont particulièrement bien mérité de la patrie, et formons le vœu que soient bientôt réunis en volume les récits merveilleux qui valurent à nos compatriotes l'honneur d'être cités à l'ordre du jour.

Cette énumération de tous ceux qui ont rendu d'éminents services à la grande et à la petite patrie couronne notre histoire du Coteau. Malgré leur sécheresse ces noms nous enseignent toutes les vertus morales et civiques qui font la grandeur et la prospérité des peuples.

Dès lors notre tâche d'historien est terminée et, devenu simple chroniqueur, nous nous bornerons à relater brièvement les événements qui se sont déroulés chez nous au cours des quatre dernières années.

Les élections communales des 30 novembre et 6 décembre 1919 amenèrent au Conseil municipal : MM. Claustre, Raffin Jean, Henry Stephan, Jurain Claude, Sapin Claude, Chavanes Louis-Henri, Bru, Rajat Antonin, Bochard, Berthet, Chevalier Jérôme, Boudarel Raymond, Berthier Henri, Bouquin Claudius, Baurier Georges, Béroud Marius, Bécot Antoine, Dégoulange Jean, Portailler Marius, Corre Louis, Gay Claudius, Charles Pierre, Lecat Jean.

Les quatre premiers noms appartiennent à la liste de l'Union démocratique et les autres à la Concentration républicaine des Groupes de gauche. Ce dernier groupement ayant une très forte majorité désigna le bureau du Conseil municipal. M. A. Bécot fut élu maire et MM. M. Portailler et L. Corre furent nommés adjoints.

La nouvelle municipalité se mit aussitôt à l'œuvre, car la guerre avait laissé en souffrance nombre de projets qui exigeaient une prompte solution, notamment ceux du cimetière et de l'adduction des eaux à l'agglomération. En ce qui concerne le premier de ces projets, deux alternatives se présentaient, agrandir l'ancien cimetière ou en créer un nouveau sur un autre point du territoire communal. Malheureusement, étant donné le peu d'étendue de ce territoire on ne trouva pas le terrain convenable et le Conseil municipal décida qu'il serait créé au delà de la rivière de Rhins, sur la commune de Perreux et en bordure de la route départementale qui conduit à ce chef-lieu de canton.

La création du cimetière sur une commune voisine amena de nombreuses et graves difficultés qui cependant furent résolues par la suite puisque les murs d'enceinte du nouveau cimetière sont aujourd'hui achevés.

Quant à la question des eaux qui, depuis trente ans, revenait périodiquement dans les délibérations de tous nos conseils municipaux, elle n'était pas non plus facile à résoudre. En effet, trois solutions possibles avaient successivement attiré l'attention des municipalités qui avaient administré notre commune : demander à Roanne les eaux du barrage de la Tâche, augmenter le débit des sources et du réservoir actuel ou rechercher, au bas des hauteurs de Commelle-Vernay, un point précis de l'écoulement des eaux de ces hauteurs et du plateau. Le relief du sol et la nature du terrain indiquaient que ce point devait se trouver près de Bachelard, où la pente naturelle du sol et un ravin nettement dessiné donnaient des indications précises. Ce dernier projet retint l'attention, en raison de la quantité et de la qualité des eaux souterraines du plateau et des judicieuses observations faites par M. G. (1). Un puits d'essai fut creusé au nord de Bachelard et les résultats furent satisfaisants. Dès lors, on décida de prendre en cet endroit les eaux nécessaires à notre agglomération. La guerre empêcha d'exécuter le projet qui fut étudié en 1920 par les Ponts et Chaussées, puis réalisé en 1923.

Deux puits de captation ont été creusés à Bachelard, sur le bord de la route et les eaux recueillies sur ce point seront refoulées à environ deux kilomètres de là, sur le haut du plateau de Commelle. De cet endroit des conduites de fonte soigneusement établies les amèneront au Coteau où, grâce à l'altitude des réservoirs, les eaux pourront être distribuées aux étages des maisons. Les travaux d'adduction d'eau en voie d'exécution permettent d'espérer que sous peu notre commune jouira de ce bienfait.

Entre temps, le Conseil municipal s'était préoccupé d'un projet qui avait déjà fait l'objet de la sollicitude de la municipalité antérieure ; nous voulons parler du monument aux morts de la guerre. Le 17 septembre 1921, MM. Portailler, Henry, Rajat, Baurier, Bochard, Bouquin et Gay reçurent du Conseil municipal la mission de présenter un projet de construction de ce monument. Quelque temps après ils présentèrent le devis du projet dont ils avaient fait choix. Celui-ci fut accepté par le Conseil qui, presque à l'unanimité, décida qu'il serait élevé dans le nouveau cimetière.

Les conclusions qui découlent des pages précédentes sont nombreuses

---

(1) Nous devons à l'obligeance de M. G., promoteur du projet de Bachelard, d'intéressants renseignements qui méritent d'être mis sous les yeux des lecteurs. Après avoir fait connaître que l'enquête officielle sur le projet d'adduction d'eau avait été faite par M. l'ingénieur Painvin, professeur à l'Ecole des mines de Saint-Etienne, délégué à cet effet par M. le Préfet de la Loire, M. G. observe que nulle cause de contamination ne fut retenue et que l'infiltration des eaux de la Loire n'était pas à redouter, sauf circonstances exceptionnelles et que dans ces circonstances, le filtrage des eaux du fleuve serait suffisant en raison de son éloignement.

et on ne saurait songer à les énumérer. Au reste, le lecteur attentif et averti, qui a eu la patience de nous suivre jusqu'au bout, les a dégagées sans peine. Cependant il en est deux sur lesquelles nous voudrions insister ; l'une parce qu'elle rectifie une erreur trop commune, l'autre parce qu'elle met en lumière le but de cet ouvrage.

La première conclusion qui s'impose, c'est que le Coteau n'est pas né d'hier, comme on l'entend dire souvent, mais qu'il a une chronique, une histoire et des traditions. Sans doute, il ne constitue une unité administrative que depuis trois quarts de siècle, mais longtemps auparavant son agglomération tirait de sa situation géographique et de la grande route qui le traverse, un caractère particulier, une physionomie propre qui, à défaut d'entité administrative, constituait un groupement territorial distinct, une localité.

La seconde conclusion est que nous avons « moult raisons », comme dit Montaigne, d'aimer notre petite Patrie. En effet, si l'on doit aimer le pays où le hasard a placé notre berceau, fut-ce le dernier coin de France, à plus forte raison devons-nous l'aimer s'il présente des charmes et des avantages particuliers.

Or, le Coteau est incontestablement une jolie petite ville, agréable et douce à habiter. Bien que situé sur un terrain presque sans relief, il est en belle assise, on disait autrefois « en bonne assiette » au dessus de la Loire. Et puis les collines de Perreux, Saint-Vincent et Commelle sont si proches, qu'on le croirait construit à leur pied. Ainsi, le Coteau a la douceur enveloppante de la plaine et l'attrait de la montagne. Enfin, le terrain sur lequel il s'élève, assaini et fertilisé par de longues années d'efforts, donne au cultivateur des récoltes variées qui le dédommagent amplement de son travail.

Quant à la ville même, elle est bien groupée et ses rues larges, droites et faciles à entretenir font pénétrer partout l'air et la lumière. Elles sont bordées de maisons modernes bien construites et çà et là, surtout dans l'ancien parc de Rhins, se trouvent de coquettes et confortables villas entourées de jardins. L'agglomération ancienne est traversée par une route célèbre, qui fut peut-être le plus ancien chemin de France et vit passer nombre de grands personnages : papes, empereurs, rois, princes, cardinaux, ambassadeurs, généraux, hommes de lettres et autres voyageurs illustres. Cette route mettait le pays en communication avec le reste de la France et le monde entier, relation aujourd'hui assurée par trois importantes lignes de chemin de fer qui, de la gare du Coteau se dirigent sur Saint-Etienne, Lyon et Paray-le-Monial.

A côté des avantages de sa situation et de son aspect, le Coteau possède toutes les commodités réclamées par la vie moderne : gares de chemin de fer pour les voyageurs et les marchandises, bureau de poste avec télégraphe et téléphone, foires, marchés trois fois par semaine, usine électrique, canalisation de gaz et service régulier de tramways avec la ville de Roanne. A un autre point de vue, il jouit des institutions et des établissements qui sont l'apanage des villes et qui ont pour but de soulager la misère, de favoriser les relations sociales et de rendre la vie meilleure et plus agréable. Le bureau de bienfaisance distribue chaque année une somme importante, aidé dans son rôle charitable par la Providence dirigée par les religieuses de saint Vincent de Paul, l'association des Dames de Charité et d'autres groupements qu'il serait trop long d'énumérer. Au premier rang des institutions de solidarité, il faut citer la Société de Secours Mutuel qui, sous la présidence de son fondateur, M. Garenne, vient de célébrer le trentième anniversaire de sa fondation.

L'instruction est donnée aux enfants des deux sexes dans des écoles publiques et libres florissantes et, pour les enfants en bas âge, il y a une école maternelle et une garderie récemment créée à la Providence.

Les amis des sports se groupent en plusieurs sociétés parmi lesquelles il faut citer la Vigilante et la Jeanne d'Arc. La première a obtenu de nombreuses récompenses au concours de Rouen et la seconde à ceux du Puy et de Paris. La Jeanne d'Arc vient de célébrer, sous la direction de M. l'abbé Brulas, son fondateur, la dixième année de son existence.

Les arts ne sont pas négligés chez nous et nous pourrions citer dans la musique, la sculpture et la ferronnerie des noms qui ne sont pas dépourvus d'autorité, mais nous devons nous contenter d'énumérer parmi les Sociétés musicales la chorale Saint-Joseph, si hautement appréciée, la Société des tambours et clairons et l'Harmonie du Coteau de fondation récente. Signalons enfin, parmi les autres groupements intéressants, le Cercle d'étude et le Groupe artistique du patronage dont les représentations et les séances sont si estimées.

Nous arrêterons là cette énumération, non toutefois sans faire observer que nous avons parlé ailleurs des associations créées à la suite de la guerre et nous excuser d'avoir passé sous silence tant d'associations ayant pour but l'aide sociale, les sports ou les jeux.

Aimons donc notre Coteau, il a ses charmes et ses avantages et les âmes de ceux qui y sont nés communient sans peine avec son fleuve, sa terre et ses horizons et elles trouvent une singulière douceur à vivre dans ce milieu qui a vu naître et se développer leur intelligence et leurs affections.

Les Quartiers et les Rues.

Notre histoire du Coteau ne serait pas complète, si nous ne donnions quelques renseignements sur les quartiers et les rues qui, depuis trois quarts de siècle ont fait de l'agglomération primitive une ville au sens exact du mot.

Bien que désignée par un seul nom, toute agglomération est constituée par diverses parties distinctes, portant une dénomination particulière et appelées quartiers. Les noms de ces quartiers intéressent l'histoire locale parce qu'ils ne sont pas imposés par une administration ou la fantaisie des hommes ; mais qu'ils sont du domaine du bon sens commun, de la logique, et comme un produit de l'âme populaire. En effet, ces appellations ont presque toujours pour origine des particularités géographiques comme les Balmes, les Plaines ; des faits d'histoire locale comme Varennes et le Parc, ou des impressions, des constatations populaires comme Pincourt, la Gasse, les Etines ou Etives.

Au point de vue topographique, les quartiers du Coteau se divisent en deux groupes, selon qu'ils sont riverains de la Loire ou éloignés du fleuve. Le premier groupe comprend, en allant du sud au nord : Varennes, la Gasse, les Balmes et Pincourt ; le second groupe est formé par le Grand et le Petit Coteau, le Parc, les Plaines et les Etines. Chacun de ces quartiers mérite une mention spéciale en raison de son nom, de sa situation et de sa composition.

VARENNES

Le mot Varennes a pour primitif le mot latin *arena*, sable ; c'est ainsi qu'on appelait jadis arène la piste de l'amphithéâtre ou du cirque, sur laquelle on avait répandu du sable. D'arène on a fait garenne, puis varenne, lieu sablonneux, inculte, où les troupeaux trouvent maigre pâture.

Littré, dans son dictionnaire qui fait autorité, mentionne cette étymologie en y ajoutant le sens de lieu réservé pour la chasse.

Il y a mieux : dans un livre curieux et rare, paru il y a plus d'un siècle (1818), sous ce titre *Essai historique sur le Département de la Loire,* on lit ce qui suit : On appelle Varenne « un sol franc, meuble, aisé à travailler, fertile s'il reçoit des engrais ; dans la plaine, cette terre repose sur du sable, du gravier, plus souvent sur de l'argile ; dans la montagne, sur des roches plus ou moins décomposées. Sa couche inférieure retient le plus souvent les eaux en hiver ; dans les chaleurs de l'été, ce terrain léger se dessèche promptement. Sa profondeur n'est souvent que de 3 pouces, rarement elle en a plus de 15, et il ne pourrait être mis en culture, s'il n'était coupé de fossés en tous les sens. Nulle part on n'y aperçoit la base fertile de la marne, ou cette abondance de sel et d'humus qui constitue les terres profondément végétales.

« Pour donner une bonne récolte, les varennes ont besoin d'un printemps humide. »

Comment ne pas reconnaître dans cette description le territoire de Varennes au sol léger, inculte et sablonneux ?

Le terrain connu, voici son histoire.

Sous la période gallo-romaine, il y a de cela dix-sept ou dix-huit siècles, on traversait la Loire au moyen d'un gué pavé de grosses pierres qui réunissait les deux rives du fleuve. Ce gué, dont on a retrouvé des vestiges dans les caves des maisons de la rue Poisson, mettait en communication cette partie de Roanne avec Varennes.

A la vérité le gué n'aboutissait pas à Varennes, mais c'était à Varennes que l'on prenait le chemin qui, en pente douce, descendait dans le lit du fleuve.

Ceci dit, si l'on examine attentivement le territoire de Varennes, on ne peut pas ne pas être frappé des nombreux chemins qui le sillonnent et qui s'y croisent en tous sens. Parmi ces chemins, il y en avait deux jadis très importants, l'un venant de Feurs et l'autre de Lyon, capitale du pays. Par ces deux chemins, arrivaient à Varennes tous les voyageurs et toutes les marchandises à destination du nord de la Gaule. On comprend dès lors qu'une agglomération se soit formée en cet endroit pour recevoir et abriter les voyageurs et les marchandises qui devaient être transportés de l'autre côté de la Loire. Cette nécessité était d'autant plus grande, que les eaux du fleuve, gonflées par les pluies, devaient assez souvent obliger à séjourner sur la rive, en attendant que le passage fut devenu praticable.

L'agglomération ainsi formée sur la rive droite de la Loire prit le nom de « trève de Varennes », allusion évidente aux nombreux chemins qui en cet endroit abordaient la Loire. Plus tard, sous la période médiévale, un port pour le transport des marchandises fut créé en cet endroit qui fut alors appelé le «port de Varennes ». La piété de nos pères ayant érigé près de là une croix, symbole de la Rédemption, le lieu prit le nom de « croix du port de Varennes », sous lequel il est mentionné dans les terriers du moyen-âge.

Le territoire de Varennes se trouvant sur les confins des provinces du Forez et du Beaujolais, fut constamment en litige entre les comtes de Forez et les sires de Beaujeu. Il est donc mentionné dans de nombreuses pièces de procédure qui nous apprennent que la « voie sayette » (route de Feurs) et la « goutte Fraydière » étaient considérées comme les limites des deux provinces, ce qui explique pourquoi la ville de Roanne possède encore aujourd'hui une partie du territoire de Varennes (1).

Lorsque le passage de la Loire eut été rejeté plus au nord, le hameau de la « croix du port de Varennes » perdit peu à peu son importance au profit de celui des Balmes, au pied duquel le grand chemin royal tendant à Paris, descendait dans le fleuve pour le traverser et aborder Roanne à la « croix du port de Roanne » situé à l'extrémité de la rue des Minimes.

Au début du dix-huitième siècle, un bourgeois notable de Roanne se constitua, par acquisition ou héritage, un vaste domaine rural à Varennes. Il y fit construire une gentilhommière et, sans plus de façon, en prit le titre. Cette usurpation le rendit bien quelque peu ridicule auprès de ses contemporains, mais il n'en continua pas moins à se gratifier d'un titre de noblesse auquel il n'avait aucun droit comme le prouvent les rôles des tailles de la paroisse de Parigny sur lesquels le sieur Boirat de la Varenne est inscrit pour des sommes variant entre six et vingt livres.

A la veille de la Révolution, la terre de Varennes appartenait au sieur Petitjean de Belleville, contrôleur au grenier à sel de Roanne.

Aujourd'hui, la vieille maison de Varennes se compose d'un corps de logis et de dépendances assez vastes. La maison d'habitation, pourvue d'ouvertures symétriques et régulières, n'a rien conservé du passé ; mais elle est flanquée d'une petite tourelle ronde surmontée d'un toit au pignon aigü qui lui donne encore un air aristocratique. Jadis, elle se terminait par une couronne de créneaux mais, rongés par le temps et les intempéries des saisons, on a dû remplacer les créneaux par la toiture actuelle. Le mur d'enceinte qui sépare la cour intérieure de la rue, porte encore les traces de ses anciens créneaux ; mais il s'effrite de jour en jour.

Rien, dans la vieille ferme de Varennes, ne rappelle donc avec quelque intérêt la grandeur d'une vie passée. Cependant les voyageurs et

---

(1) Sur les démêlés survenus entre les comtes de Forez et les sires de Beaujeu, aussi bien que sur les difficultés élevées entre les consuls de Roanne et de Commelle et Vernay, au sujet du territoire de Varennes, on peut consulter le travail paru sous ce titre : *Les fiefs de Rhins et de Varennes*. Cette étude, publiée dans le Bulletin de la Société des lettres, sciences et arts du Beaujolais en 1904, a fait ensuite l'objet d'un tirage à part.

les touristes s'arrêtent encore avec curiosité devant le grand portail, surmonté d'un auvent, qui donne accès dans la cour intérieure de la ferme.

Mais cest en vain qu'ils interrogent les habitants du hameau sur les anciens maîtres de ce logis et les événements dont il fut le théâtre ; ici les actes du vieux temps ne se sont pas transformés en légendes sanglantes ou fleuries et les noms même des propriétaires ont disparu de la mémoire des hommes.

En résumé, le Port de Varennes qui, au cours des siècles, fut tantôt fréquenté, tantôt délaissé, est depuis un demi-siècle définitivement mort. Quant à la « maison des champs » du sieur Petitjean de Belleville, elle n'est plus qu'une construction délabrée. Cependant il s'est formé sur le territoire de Varennes, près de la gare, une agglomération nouvelle qui prend chaque jour de l'importance et qui, située sur la commune du Coteau doit, en raison de sa situation, être considérée comme un quartier de cette ville.

LA GASSE

C'est un territoire plus qu'un quartier, cependant il en faut bien parler, puisque, par extension, on comprend parfois sous cette dénomination le quai des Balmes prolongé, c'est-à-dire les îlots compris entre la rue des Balmes et le passage à niveau du chemin de fer.

D'abord, d'où vient ce nom si original et si expressif de gasse, et comment se justifie-t-il ?

Le mot gasse — qui le croirait, — vient du mot latin *aqua*, d'où est venu le mot patois *aigue*, auquel on a ajouté le fréquentatif populaire et péjoratif *asse*, d'ou aiguasse, par abréviation *gasse*, eau bourbeuse, boue (1).

Quant à la justification de cette appellation, quelques lignes d'explication suffiront pour la légitimer

Il y a un peu moins de cent ans, lorsqu'on se préoccupa de rectifier le cours de la Loire et de diminuer la largeur de son lit, on construisit, du côté de Bachelard, une chaussée destinée à empêcher les eaux

---

(1) Le vieux français avait le mot gassouil, cité par Nizier de Puitspelu, dans ses étymologies des mots lyonnais. Cependant, le mot *gasse* est exclusivement roannais, ainsi que son dérivé *gas[illegible]* [illegible] porté encore aujourd'hui par un territoire de la commune de Saint-André-d'Apchon.

Il est à peine utile de faire observer que de « gasse », le langage populaire a formé *gassouille*, boue, et *gassouillat*, flaque d'eau boueuse.

de suivre la berge de Varennes (1). Cette chaussée, trop faible pour résister aux grandes eaux, fut emportée par la grande inondation de 1846.

Lorsque les eaux se furent retirées, on constata que tout ce qui avait été fait pour endiguer le fleuve était à refaire. On se mit à l'œuvre et on édifia alors, à grands frais, la chaussée qui prend en face de Bachelard et vient mourir dans le lit du fleuve, en face des Balmes, après avoir coupé la ligne du chemin de fer. (L'extrémité de cette chaussée a amené la formation de la presqu'île appelée aujourd'hui le Transvaal.)

Ce qui était prévu arriva, il se forma alors entre la nouvelle chaussée et les berges de Varennes et des Balmes, une série d'étangs et de marais qui, malgré une communication avec le fleuve, ne tardèrent pas à contenir une eau épaisse et bourbeuse, d'où le nom de gasse.

Aujourd'hui, ce « délaissé » de la Loire contient une eau plus bourbeuse et plus fétide que jamais ; mais il n'en a pas moins donné son nom au quartier construit sur le plateau. Cependant, on travaille à remblayer cet ancien bras de la Loire et chaque jour on verse dans ce trou profond, une partie des déchets de l'agglomération, mais bien des années s'écouleront encore avant que le « Transvaal » ne soit réuni à la terre fermé, avant que la *gasse* n'ait disparu.

LES BALMES

Bien que ce quartier se soit fortement modernisé depuis un quart de siècle, il présente encore un aspect original, avec sa chaussée pavée en cailloux roulés, sa haute terrasse soutenue par un mur droit et ses maisons placées loin en arrière, dans un pittoresque désordre. Jadis, le quai en pierre et le mur de soutènement n'existaient pas et les maisons disposées en amphithéâtre descendaient la côte comme des mariniers prévenus de la crue du fleuve et se hâtant de gagner toues, bachots, cabanes ou sapines (2).

---

(1) A la fin du dix-huitième siècle, avant l'inondation de 1790, il y avait encore au bas de Bachelard un bief large et profond qui servait aux saumons pour remonter la Loire, et qui, pour cette raison, est appelé bief des saumons, dans les documents du temps. Ce bief qui explique l'existence du port de Varennes, fut ensablé par l'inondation du 9 novembre 1790, et acheva de disparaître vers 1830, lors de la rectification du cours du fleuve.

(2) La toue était une barque légère qui explorait le lit du fleuve et ouvrait le passage aux convois de sapines. On appelait « bachot » le bateau vulgaire encore employé aujourd'hui par les tireurs de sable. La cabane était un bateau au milieu duquel se trouvait une cabane destinée à abriter les voyageurs.

Comme on le voit, ce quartier a bien changé d'aspect, mais cela tient à son ancienneté, car il était déjà habité lorsque le grand chemin royal de Paris à Lyon aboutissait à la Croix du Port de Varennes et descendait de là par un chemin à flanc de coteau sur les bords de la Loire, pour traverser le fleuve et gagner Roanne. Plus tard, lorsque le grand chemin rectifié devint la route actuelle de Lyon, le quartier des Balmes fut à peu près abandonné au profit de la Grande Rue et c'est alors qu'il se couvrit de ces masures originales et pittoresques que le progrès et la recherche du confortable auront bientôt achevé de faire disparaître.

Le nom de ce quartier mérite d'être respecté et conservé ; d'abord, parce qu'il est une expression géographique, ensuite, parce que c'est un terme local, ou du moins régional de bonne origine.

Le mot « Balmes » est une expression géographique qui désigne une côte peu élevée, mais abrupte et escarpée ; c'est ainsi qu'on appelle à Lyon balmes du Rhône, le quai Saint-Clair et son prolongement, et balmes de la Saône, l'ancien quai des Etroits, dit aujourd'hui de Jean-Jacques Rousseau. Ce mot balmes vient du mot latin *balma*, grotte, et par extension escarpement dans lequel s'ouvre une grotte, côte escarpée, élévation (1).

Balmes est donc un nom commun plus fréquemment employé au pluriel qu'au singulier, ce qui explique pourquoi on dit au Coteau : les Balmes. Il convient d'observer que dans notre localité le nom commun est devenu un nom propre et que, pour lui donner toute sa valeur et sa justesse, il faut supprimer par la pensée le quai de la Loire et le mur de soutènement, suppression qui restitue au quartier son aspect primitif et en fait une côte raide, escarpée, une balme.

PINCOURT

D'où vient ce nom de Pincourt ?

Ce nom si particulier et de sonorité si franche, vient d'un bouquet de pins maigres, chétifs et rabougris, qui, il y a cent ans, ombrageaient les ruines d'une ancienne verrerie, située sur les bords de la rivière de Rhins.

On se rappelle qu'en 1743, le sieur Bigot de Clairbois, gentilhomme verrier, avait établi « dans un vieux petit manoir appelé Couzon, appartenant au sieur Tardy », une verrerie qui fit faillite moins de quinze ans après. Or, auprès de cette verrerie, se trouvait un bouquet

---

(1) De balme, on a fait le verbe « balmer », fréquemment employé dans le jeu de boules pour exprimer l'action de faire suivre à une boule les accotements du jeu, pour la placer entre le but et une boule qui fait obstacle.

de pins qui, plantés dans les déchets des fours, les scories des foyers et les débris de bouteilles, végétèrent lamentablement et restèrent petits et courts : ces arbustes rabougris firent par la suite appeler ce territoire : aux pins courts, d'où l'on a fait Pincourt.

Deux plans terriers de la fin du dix-huitième siècle permettent de se représenter l'aspect de cette partie du Coteau aujourd'hui si complètement transformée. Ils nous font aussi connaître l'emplacement exact de la verrerie du Coteau, située à peu de distance du château sur les bords de Rhins, à l'endroit où la rue de Pincourt prolongée aborde la rivière. Un de ces plans indique même en traits bizarres les pins qui ont fait donner à ce territoire le nom de Pincourt.

Toutefois, grâce au voisinage des eaux et à la grève au sable fin et lavé, l'emplacement paraissait si propice à l'établissement d'une verrerie, qu'en 1779 il attira de nouveau l'attention d'un gentilhomme verrier nommé de Finance cadet. Celui-ci, qui avait exercé les fonctions de maître verrier à la fabrique de Saint-Nicolas-des-Biefs, n'ayant que des ressources très limitées s'installa au Coteau, en rase campagne et construisit son four dans une pauvre cabane peu éloignée de la rivière de Rhins. Avec l'aide de sept ou huit ouvriers il produisit des verres blancs et des verres verts et fabriqua des gobelets communs, des fioles de pharmacie et de liqueurs, ainsi que des bouteilles utilisées pour les transports des eaux de Vichy à Paris. Ces dernières étaient vendues 22 livres 10 sols le cent pris à l'usine, tandis que les autres verriers les vendaient 26 livres en verre noir (1).

Malgré ses heureux débuts, la verrerie de Finance cadet ne vécut que peu de temps, en raison de son installation sommaire, du prix élevé de la main d'œuvre (2) et de la concurrence que lui fit la verrerie établie à Saint-Just-sur-Loire, dans le voisinage immédiat des mines de charbon de Saint-Etienne.

Il est assez difficile aujourd'hui de déterminer la situation exacte de la seconde verrerie du Coteau ; car, vers 1830, lorsque l'on construisit la chaussée de Pincourt, et plus tard en 1847, lorsqu'on procéda à son élargissement, on utilisa pour cette double opération les matériaux provenant de la verrerie, les débris de verre, et même partie de la berge sablonneuse parallèle au béal des buanderies et sur laquelle avait été édifiée la verrerie (3).

Quant au quartier de Pincourt, il se divise en deux parties, l'une

(1) Archives nationales. F. 12, 1318.

(2) Dans la supplique adressée par le sieur Billeray à l'Intendant de la généralité de Lyon, à l'effet d'obtenir permission d'établir une verrerie à Saint-Just-sur-Loire, le suppliant expose que dans le Forez on paye 24 livres les cent bouteilles, tandis que dans le Lyonnais elles se vendaient 15 et 16 livres (1786).

(3) Les anciens du Coteau se rappellent que sur le revers de la chaussée regardant le pré des sables, on trouvait fréquemment des « scories vitrifiées » et des débris de bouteilles.

ancienne, l'autre moderne. La première comprend les maisons échelonnées sur la chaussée et en bordure de la rue de Pincourt. En 1876, cette partie comptait 22 maisons, 39 ménages et 121 habitants. En dehors du groupement d'habitation voisin du pont, ce quartier ne comprenait alors que la maison voisine de l'ancien barrage (1), propriété de M. M'Roé de Chervé. Après la vente du parc (1886), plusieurs constructions furent édifiées le long de la chaussée. Plus tard, les habitations gagnèrent le pré des sables qui est aujourd'hui en grande partie occupé par des établissements industriels attirés en cet endroit par le voisinage de la Loire et de la rivière de Rhins.

LE GRAND et LE PETIT COTEAU

Voilà deux dénominations presque tombées en désuétude et qui ne tarderont pas à être complètement oubliées, car elles n'ont plus leur raison d'être, puisque le Grand et le Petit Coteau ne font plus aujourd'hui qu'une seule agglomération. Cependant comme ces appellations persistent encore et que pendant un demi-siècle elles ont été fréquemment employées dans les documents publics, les actes privés et le langage usuel, il est à propos de rappeler brièvement leur origine.

Jusqu'à la création du chemin de fer d'Andrézieux à Roanne, le Coteau ne fut formé que d'une seule agglomération comprise entre la Loire et la route de Perreux. En 1834, le marquis de Tardy ayant été amené à aliéner les terrains sur lesquels s'élève aujourd'hui la gare du Coteau, profita aussi de l'occasion pour vendre à bon prix à des particuliers les terres voisines, et c'est alors que furent construites la plupart des maisons situées entre les numéros 12 et 42 de l'avenue de la Gare. On donna à cette nouvelle agglomération le nom de Petit Coteau, car elle était séparée de l'agglomération primitive par une large bande de terre dépendant de la propriété de Rhins.

En 1841, la construction de la Providence commença à effectuer la soudure entre le Grand et le Petit Coteau, opération qui fut continuée en 1874 lors de la création de l'usine Déchelette. Cette soudure fut enfin complètement réalisée après la mise en vente de la totalité de la propriété de Rainneville en 1886.

Aujourd'hui, le Grand et le Petit Coteau ne constituent plus qu'une seule agglomération, et si ces lignes ont rappelé l'origine de deux appellations désuètes, c'est par égard pour les actes privés et certains documents officiels du milieu du siècle dernier.

---

(1) L'ancien barrage fut détruit après 1906, époque à laquelle il fut remplacé par le barrage actuel construit en amont de l'ancien. Nous avons esquissé l'histoire de ces deux barrages dans notre brochure : *Notes historiques sur le quartier des Côtes*, page 40 et suivantes.

LE PARC

Ce quartier tire son nom de l'ancien parc de Rainneville dont il occupe une notable partie. Compris entre l'avenue de la République, — ancienne route de Perreux — les dépendances des maisons de la rue Nationale, la rue Carnot et la berge sablonneuse qui forme la rive gauche du bief des buanderies, ce quartier renferme l'Hôtel de Ville et les écoles.

Le premier de ces édifices est une construction vaste et dépourvue d'ornements. Il se compose de deux parties : un corps de logis central, en légère saillie, flanqué de deux ailes adjacentes, symétriques et semblables. La partie centrale sert de mairie et les deux ailes sont occupées par les écoles de filles. Dans son ensemble, l'édifice est inté-

Quant à l'école des garçons, située dans l'îlot compris entre les rues Ledru-Rollin, Lamartine, Parmentier et une rue encore dépourvue de plaque indicatrice, elle fait honneur à la municipalité présidée par M. Baurier. Cette école fut inaugurée en effet, en 1902, comme l'indique la date gravée au-dessus de la porte principale.

Malgré sa proximité de la rue Nationale, le quartier du Parc occupe un territoire sain et salubre ; car dans cette partie du Coteau, l'air n'est pas vicié par les poussières remuées à chaque instant par les tramways et les automobiles et le sous-sol sablonneux ne recèle pas une nappe d'eau souterraine, propre à entretenir l'humidité, ainsi que cela existe aux Etines et aux Plaines. Enfin, il n'est pas inutile d'observer que dans ce quartier récemment créé, nombre de maisons possèdent des jardins qui contribuent à la fois à la salubrité de l'air et à l'agrément des habitants.

LES ÉTINES

Au levant des Plaines et au delà de la route de Lyon, entre cette route et la rivière de Rhins, s'étend un vaste espace d'aspect, de configuration et de constitution, semblables au précédent. Ce territoire est appelé les Etines, — parfois les Etives, — dans les actes du dix-huitième siècle. Cette dénomination qui aurait pour origine un mot du bas latin, rappellerait un terrain chaud, des terres brûlées par le soleil.

Au dix-huitième siècle, le territoire des Etines était partagé entre deux domaines, qui appartenaient à une famille roannaise connue dans la basoche et appelée Mathieu. Le 25 février 1751, les deux domaines des Etines furent vendus par Jean-Baptiste Nompère, seigneur de Pierrefitte et Champagny, à Benoit Tardy, seigneur de Rhins, moyennant le prix de 11500 livres. L'acte constatait expressément que cette vente était faite du consentement de Jeanne Mathieu, épouse du dit sieur de Pierrefitte, dont les domaines des Etines constituaient la légitime (1). Cet acte fait connaître en outre, que « les dits domaines dépendaient de la paroisse de Roanne pour le spirituel, et de celle de Parigny pour les tailles et les autres impositions. »

Il y a cinquante ans, avant l'aliénation des prés des Etines, la terre de Rhins avait sur la commune du Coteau 243 hectares d'un seul tènement, c'est-à-dire la moitié du territoire de la commune.

Aujourd'hui, le territoire des Etines est partagé en deux parties inégales, par la ligne du Coteau à Paray-le-Monial. La partie la plus vaste, située au midi, entre la ligne et l'allée de Saint-Vincent, reste exclusivement affectée à l'agriculture ; ses pâturages sont estimés. Quant à la partie voisine du Coteau, et comprise entre la ligne et le Boulevard des Belges, déjà occupée par la poterie Picard et une usine de produits chimiques et pharmaceutiques, elle voit chaque jour de nouvelles industries s'établir sur son sol et le voisinage de la rivière de Rhins lui promet à ce point de vue un bel avenir.

LES PLAINES

On comprend sous cette dénomination tout l'espace circonscrit par la ligne de Saint-Etienne, la route de Lyon, l'allée d'Ailly et le bas de la côte de Commelle. Ce vaste territoire de forme presque rectangulaire mesure près de 160 hectares.

Un simple coup d'œil jeté sur ce terrain plat, uni, d'aspect un peu monotone, suffit pour expliquer et justifier l'appellation qu'il porte.

Il y a cinquante ans, les Plaines étaient moins un quartier qu'un territoire semé de quelques rares fermes ; mais il s'est formé depuis quelques années dans le voisinage du cimetière, près de l'agglomération urbaine un nouveau quartier qui compte déjà plusieurs établissements industriels, voire même des commerçants.

Le sol uni de ce terrain qui dissimule dans ses couches inférieures une immense nappe d'eau, verra sans doute bientôt surgir de nouvelles fabriques et usines, de telle sorte qu'on peut prévoir qu'il y aura là, à une époque rapprochée un véritable quartier industriel.

(1) Acte reçu Poguet, notaire à Roanne.

LES RUES DU COTEAU

Sur les huit quartiers qui viennent d'être énumérés, les six premiers ont des rues destinées à les mettre en communication entre eux, ou avec la rue Nationale, centre de l'agglomération ; dans les deux derniers, les voies de communication ne méritent pas cette qualification, car ces voies sont plutôt des chemins que des rues proprement dites.

Si les dénominations données aux quartiers ont pour origine une indication géographique ou une observation populaire, il n'en est pas de même des noms de rues qui sont généralement imposés par la fantaisie d'une administration ou d'un corps élu. Jadis, les noms des rues indiquaient en général un accident naturel, le but où elles tendaient, ou une particularité originale capable de les distinguer des autres, comme un monument public, un couvent connu, une maison remarquable ou un détail piquant : industrie, enseigne, borne, etc. Sous Louis XVI, on commença à substituer les noms des grands hommes aux dénominations originales et justifiées du temps passé. Les grandes villes eurent alors leurs rues Racine, Corneille, Molière, Voltaire ; mais on s'efforça de ne choisir que des noms d'une célébrité incontestée. Depuis lors, cette manie a tout envahi, et tous les grands hommes, gloire incontestable ou... contestable, peuvent imposer leurs noms aux rues de nos villes. Au reste cela a peu d'importance, puisque dans certaines localités, les régimes politiques qui se succèdent balayent consciencieusement les noms des grands hommes imposés par le régime précédent, au grand détriment du bon sens, de la clarté et de la facilité des relations.

Au lieu d'énumérer ici dans l'ordre alphabétique les quarante rues environ que compte le Coteau, nous allons les grouper, d'après l'origine de leur nom, en trois classes : celles qui portent des noms exprimant une réalité géographique, celles dont les dénominations rappellent un fait d'histoire, enfin celles qui sont dotées du nom d'un grand homme.

A la première classe appartiennent les rues des Balmes, de Varennes et des Plaines qui traduisent un détail géographique ou la constitution du sol ; les rues (avenue) de la Gare, de Vernay, de la Loire (1), de l'Hôtel de Ville, de l'Abattoir (2), des Ecoles, dont la dénomination indique la destination, le but.

Parmi les noms d'origine historique, il faut citer, en commençant

---

(1) Lors de la construction de l'usine Déchelette, 1874, la rue ouverte entre la rue Nationale et la Loire reçut le nom de rue Saint-Joseph par égard pour M. Joseph de Rainneville qui avait consenti à aliéner le terrain de l'usine.

(2) Impasse Marceau jusqu'en 1914.

par le plus récent : le Boulevard des Belges qui évoque l'héroïsme des Belges en 1914, l'Avenue de la République (ancienne route de Perreux), la rue Nationale — vulgairement grande rue —, de Pincourt qui évoque une particularité locale : les pins courts d'autrefois ; enfin, la rue des Marronniers dont le nom est une allusion à la double allée de marronniers qui servait jadis d'avenue au château.

Le Coteau ayant pris un grand développement au cours des trente dernières années, ce sont surtout les hommes politiques qui, au gré des régimes et des opinions, ont donné leurs noms aux rues nouvelles. C'est ainsi, que dans les quartiers récents on trouve les noms suivants : rues Victor-Hugo anciennement appelée de l'Eglise, puis Saint-Marc (1) ; Carnot (autrefois rue Meyer — 1886) ; Ledru-Rollin qui évoque le souvenir du père du suffrage universel ; Parmentier, nom du vulgarisateur de la culture de la pomme de terre (2) ; Dorian, nom d'un ministre de la Défense Nationale en 1870 ; Michelet, Lamartine, Vauban, Gambetta, etc.

Dans cette floraison de grands hommes on ne distingue que deux illustrations locales ou plutôt régionales, MM. Dorian et Brossard. Le premier fut ministre de la Défense Nationale et le second sénateur de la Loire. Il est bon aussi de noter en passant que M. Brossard ne fut pas seulement un homme politique, mais aussi un érudit laborieux qui a laissé une Histoire estimée du département de la Loire pendant la Révolution.

Pour conclure, il convient d'observer que les noms de rues exprimant une réalité géographique s'imposent au respect parce qu'ils sont l'expression d'une réalité sensible. Les noms d'origine historique méritent également d'être conservés parce que le plus souvent ils manifestent des particularités locales, et font que telle ville n'est pas telle autre. Quant aux noms des grands hommes qui s'épanouissent en si grand nombre aux angles des rues, il serait bon de les choisir en dehors de tout esprit de parti et de ne les recruter que parmi les gloires incontestées : la France est assez riche en hommes illustres. Enfin il y aurait avantage et profit à faire connaître ces grands hommes au public, afin que leurs noms éveillassent dans l'esprit de tous, le désir d'imiter leurs vertus et l'amour de la France.

---

(1) Primitivement le nom de Saint Marc était porté par la rue allant de l'église à la Loire ; plus tard une bizarrerie de l'administration donna le nom de rue Victor Hugo à la partie comprise entre l'église et la rue Nationale, laissant le nom de Saint Marc à la partie située entre la rue Nationale et la Loire.

(2) Des documents locaux prouvent que la pomme de terre était connue et cultivée en Beaujolais avant la naissance de Parmentier.

La Terre et le Château de Rhins

La terre et le château de Rhins constituent la plus ancienne propriété historique du territoire du Coteau. Ce domaine, habité successivement par des familles de petite noblesse, établit le contact entre le passé et le présent. Esquissons-en brièvement l'histoire.

Sur la rive gauche de la petite rivière de Rhins, à deux kilomètres environ de son confluent et non loin de l'endroit où s'élève aujourd'hui le château de Rhins se trouvait autrefois « un vieux petit manoir, appelé Cozon » (1). Son histoire est complètement inconnue : on sait seulement qu'il était entouré de vastes prairies marécageuses, coupées de biefs sans profondeur, mais qui, dans les temps de crue, versaient dans la Loire les eaux du Rhins. Aujourd'hui encore, bien que le sol se soit exhaussé par suite des alluvions apportées simultanément par le fleuve et la rivière, une série de marécages trahissent encore les anciens bras du confluent.

Les noms des possesseurs du manoir Cozon sont inconnus jusqu'au début du dix-septième siècle, époque à laquelle il appartenait à Jean Cozon, qualifié bourgeois de Saint-Etienne.

Après lui, le manoir Cozon, qui devait sans doute son nom à ses propriétaires, passa à Angélique Miraud, fille de Jean Cozon. Celle-ci fixa sa résidence dans la maison paternelle, et à sa mort la laissa à son petit-fils Benoit du Treuil.

Cette famille du Treuil, qui a donné son nom à une place publique de Saint-Etienne, n'habita que rarement le manoir Cozon, dédain qui s'explique par ce fait que ce manoir n'était qu'une pauvre maison composée « d'une grande pièce basse et de deux petites hautes ».

L'exiguïté et le délabrement de ce pauvre manoir, décidèrent

---

(1) Les lecteurs, curieux de se documenter sur l'histoire de la terre et des seigneurs de Rhins, pourront consulter l'étude publiée dans le Bulletin des lettres, sciences et arts du Beaujolais (1904), sous ce titre : *Les fiefs de Rhins et de Varenne*. Cette étude a fait l'objet d'un tirage à part édité à Villefranche en 1904.

Benoît du Treuil à édifier, un peu en amont, une maison plus vaste et plus confortable à laquelle il donna le nom de château de Rhins. Ses héritiers prirent le nom de cette terre et se firent appeler du Treuil de Rhins. Leur descendance s'est perpétuée jusqu'à nos jours et quelques contemporains se souviennent peut-être encore des deux frères du Treuil de Rhins dont l'un s'adonna à la peinture et l'autre fut explorateur en Afrique.

On comprend sans peine du reste, le peu d'empressement que les du Treuil mirent à habiter le château de Rhins. Les prairies basses qui l'entouraient, semées de touffes d'arbres, de bouquets d'oseraies, de verdiaux — comme on dit dans le pays —, donnaient fréquemment asile à des malfaiteurs. Il arriva, en effet, plusieurs fois que la maréchaussée de Roanne vint opérer de véritables rafles dans les marais de Rhins. C'est ainsi notamment qu'en 1710, une tribu de bohémiens — on disait alors de boismes — y chercha un refuge. Les allures des femmes de cette tribu, ayant attiré l'attention des habitants de Roanne, la maréchaussée reçut l'ordre d'arrêter la tribu tout entière. Une véritable expédition militaire fut organisée dans ce but. Elle fut commandée par le sieur de Saint Véran, envoyé à cet effet par M. de Rochebonne, gouverneur pour le roi des provinces du Lyonnais, Forez et Beaujolais, et groupa plusieurs détachements de cavaliers. L'arrestation ne se fit pas sans difficultés : car les bohémiens opposèrent quelque résistance, étant armés de pistolets et couteaux ; mais enfin, force resta au sieur de Saint-Véran et toute la tribu fut conduite aux prisons du bailliage (1).

Ce fut sans doute le voisinage de ces visiteurs importuns et les nombreux démêlés que ce voisinage faisait naître avec la police qui, en 1720, décidèrent Antoine du Treuil à vendre la terre de Rhins, au sieur Tardy des Mûres, bourgeois de Perreux. Cette vente fit passer la terre de Rhins entre les mains d'une famille du pays qui s'empressa de venir s'y établir. Cependant, comme le château de Rhins n'était pour les du Treuil qu'une agréable résidence d'été, commode pour la chasse et la pêche, les nouveaux propriétaires le firent entièrement remanier, et c'est sous cette forme qu'il subsista jusqu'au règne de Louis XVI, époque à laquelle Benoît Tardy, père de celui qui était appelé « Monsieur le marquis », fit commencer le château actuel.

(1) Les papiers de la maréchaussée de Roanne contiennent le récit de plusieurs arrestations opérées dans les marais de Rhins. Ces opérations de police qui avaient pour but de mettre entre les mains de la justice des forçats échappés à la chaîne, des criminels évadés de prisons, des malfaiteurs dangereux, voire même des contrebandiers et déserteurs, sont particulièrement nombreuses après le rigoureux hiver de 1709 et à la fin des guerres de la Ligue d'Augsbourg (1688) et de la succession d'Espagne.

La famille de Tardy connut pendant la Révolution des jours lugubres. Six de ses membres furent arrêtés et emprisonnés et plusieurs d'entre eux périrent de mort violente. Quant au futur marquis de Tardy alors « officier aux armées de la République », il fut poursuivi comme suspect et obligé de se cacher. Plus tard, ayant réussi à passer à l'étranger, il rentra trop tôt au pays, fut encore poursuivi, et, d'après une tradition populaire, ne dut son salut qu'au dévoûment de deux mariniers roannais.

Réinstallé dans le château de Rhins dès 1798, le marquis de Tardy fit alors achever la construction du principal corps de logis du château. Les deux ailes adjacentes qui flanquent l'édifice, ne furent construites qu'après la mort de la marquise de Tardy arrivée en 1808.

Les souvenirs historiques qui se rattachent au château de Rhins ont été racontés ailleurs ; mais il est bon de faire remarquer en passant qu'il abrita au passage des hôtes illustres : M. de Villèle, président du conseil des ministres ; Monseigneur Dupanloup, évêque d'Orléans ; le cardinal de Bonald, archevêque de Lyon, et M. de Marcère qui fut plusieurs fois président du conseil des ministres sous la troisième République.

Après la mort de Madame de Rainneville, née Thérèse de Tardy, le château passa à son fils Joseph de Rainneville. En 1886, celui-ci le vendit à la société Meyer qui le céda à M. Roland de Ravel, ingénieur en chef des ponts et chaussées de l'arrondissement de Roanne. Il est aujourd'hui la propriété de M. Grosse qui l'habite avec sa famille.

Bien que privé des 250 hectares de terre qui l'entouraient jadis, et lui faisaient une magnifique ceinture de prairies et de bois, le château de Rhins est resté une belle et confortable résidence. Sa situation présente permet à ses habitants de jouir de tous les avantages de la ville et de la campagne. Au reste, il conserve dans ses dépendances immédiates quelques bouquets de bois, des prairies verdoyantes et la rivière de Rhins dont le voisinage favorise les plaisirs de la pêche et l'installation d'établissements industriels. Le souvenir des grands personnages qui le fréquentèrent jadis lui donne aussi quelque intérêt : mais on peut regretter que la dispersion de son mobilier ancien ait rendu ces souvenirs moins précis et moins vifs. Jadis en effet, on montrait aux visiteurs la table sur laquelle M. Populle, maire de Roanne en 1814, avait signé la capitulation de la ville, et le magnifique bureau empire sur lequel M. le marquis de Tardy, littérateur apprécié et poète à ses heures, avait écrit ses tragédies et ses pièces de vers, voire même, comme il le disait lui-même, avec une pointe d'orgueil, « dialogué avec M. de Chateaubriand ».

Telle est à grands traits l'histoire du château de Rhins. Cette esquisse méritait d'être tracée, parce que l'histoire de la plus ancienne maison du pays, sert de trait d'union entre le passé et le present. Pour animer cette demeure, il eût fallu sans doute retracer la vie de ses maîtres depuis Jean Cozon, contemporain de Louis XIV, jusqu'à Madame de Rainneville née Thérèse de Tardy, morte en 1885 ; mais le lecteur trouvera ces renseignements dans l'histoire du Coteau, plusieurs propriétaires du château de Rhins ayant été étroitement mêlés au développement de l'agglomération, et plus tard, à l'érection de la paroisse Saint-Marc et à la création de la commune.

Le Pont de Roanne en 1750 (Reconstitution idéale)

Le Pont de Roanne.

Le pont qui relie Le Coteau à Roanne est un « beau travail », souvent cité dans les guides et les relations de voyage, publiés à la fin de l'Empire et au début de la Restauration. Ces ouvrages, oubliés aujourd'hui, observent généralement que cette œuvre est une « conception remarquable du génie humain ». Bien que grâce aux progrès et aux perfectionnements apportés dans l'art de construire, le pont de la Loire ait perdu de nos jours son ancienne réputation, il reste pourtant un monument intéressant par la solidité de sa construction, la qualité de ses matériaux, la régularité de ses lignes architecturales et la belle simplicité de son ornementation.

Son nom et son ancienneté lui donnent droit à une place dans cette notice ; mais pour bien comprendre son importance et l'histoire de sa construction, il faut dire quelques mots des anciens ponts de la Loire qui, pendant près de deux siècles, facilitèrent les relations entre les deux rives du fleuve.

Le projet de construire un pont à Roanne pour faciliter le passage du fleuve remonte sans doute à l'origine de cette ville. Mais, sans retourner si haut dans les siècles passés, on trouve dans les documents du moyen âge plusieurs allusions aux avantages que présenterait un pont à Roanne. On paraît même s'être occupé sérieusement de ce travail dès la fin du quinzième siècle. Cependant, il était réservé à une femme, haute et noble dame Jeanne de Cossé, veuve de Gilbert Gouffier, duc de Roannais, et en cette qualité dame de Roanne, de faire établir les plans et devis d'un travail qui jusque-là avait été jugé impossible. En 1586, la noble dame, après avoir fait dresser le plan d'un pont de bois destiné à relier les deux rives de la Loire, adressa au Conseil du Roi un mémoire où elle exposait l'utilité et les avantages de ce travail. Le mémoire démontrait de si lumineuse façon les précieux avantages que tout le commerce du royaume retirerait d'un pont au lieu de Roanne, que le Conseil du Roi lui accorda, pour réaliser son projet, une subvention de 60.000 écus, à prendre en cinq années sur les provinces de Lyonnais, Auvergne, Dauphiné, etc.

Comme on le voit, le projet marchait à souhait. Mais, sur ces entrefaites, survint une inondation qui détruisit plus de cent maisons (1), tant au Port-Vieil (2) qu'aux Charpentiers. Ce désastre fit réfléchir la dame de Cossé Brissac qui se ravisa et déclara incontinent « qu'une telle entreprise était impossible et n'allait qu'à sa ruine à cause des grandes eaux qui, audit lieu de Roanne, descendent des montagnes avec impétuosité ». Le projet fut donc abandonné ; il ne devait être repris que quarante ans plus tard.

En 1626, le sieur Christophe Marie, qualifié dans les actes du temps « entrepreneur général des ponts de France », reprit le projet de la dame de Cossé, et, dit un mémoire du temps, « ignorant les crues d'eaux et débordements ordinaires de ladite rivière audit pays de Rouanez, proposa inconsultement à Sa Majesté de construire ledit pont ». Il fit partager ses espérances à plusieurs grands seigneurs en quête d'une affaire financière et, grâce à quelques subsides qu'ils lui fournirent, il fit commencer les travaux vers 1630.

Bientôt, cependant, les ressources manquèrent, et on allait arrêter l'œuvre lorsque le duc de Roannais, Louis Gouffier, fournit au gouvernement de Sa Majesté Louis XIII un moyen inespéré de se procurer de l'argent.

Le duc ayant pris part à la révolte de Gaston d'Orléans, qui échoua piteusement, fut condamné à mort. Seulement, comme sa pauvre tête ne méritait pas les honneurs de l'échafaud, il fut gracié ; mais

---

(1) Les registres paroissiaux de Roanne mentionnent brièvement cet événement à la date du 26 septembre 1586, « ay baptisé Guillaume filz d'Anthoine perraud..... ce après le déluge faict en la rivière Loire auquel s'est perdu huict personnes que petits que grands et Demoly cent et tant de maisons. » Signé : « Prévost ».

(2) Le Port Vieil était situé sur la place actuelle du Creux-Granger.

tous ses biens furent mis sous séquestre. On eut alors l'idée d'en employer les revenus à la construction du pont de Roanne.

Les travaux furent donc repris et se continuèrent pendant dix ans au milieu de nombreuses difficultés.

Cependant l'habileté des pontonniers finit par triompher des obstacles et le pont fut livré au public, moyennant un péage assez élevé. Mais il y avait peu de temps qu'on jouissait de sa commodité, lorsque le 22 janvier 1641 une crue subite lui fit subir de graves dommages. On employa huit mois pour les réparations. A la suite d'une nouvelle crue survenue en 1643, il fut pour ainsi dire remis à neuf, comme le constate un rapport de 1645. Pendant douze ans il rendit de précieux services aux voyageurs et marchands, mais les sommes énormes qu'exigeait son entretien ne satisfaisaient ni le seigneur de Roannais, ni les fermiers du pont.

Aussi, vers la fin de l'année 1657, le pont ayant été emporté par une crue du fleuve, les intéressés s'empressèrent-ils d'adresser au Conseil du Roi et au Parlement de Paris un mémoire prouvant que le pont était inutile et que rien ne serait plus convenable que de rétablir le bac qui, pendant des siècles, avait servi à la traversée du fleuve.

Cependant, le Conseil du Roi ne se laissa pas convaincre, et il condamna le duc à rétablir le pont dans les huit mois. Mais celui-ci opposa la force d'inertie et fit sans doute agir de hautes influences, car l'arrêt du Conseil ne fut pas exécuté. C'est ce que permet de constater un curieux procès-verbal relatant l'état du pont de Roanne en 1668.

Comme il a été dit ailleurs, le pont se composait de deux parties : l'une sur le petit bras du fleuve, entre le Coteau et l'Isle ; l'autre sur le lit ordinaire du fleuve, entre l'Isle et la ville.

La première partie, dite petit pont, mesurait environ 130 mètres, et la seconde un peu plus de 150. La largeur uniforme du pont était d'environ 5 mètres 50. Or, en 1668, la partie comprise entre le Coteau et l'Isle était en si mauvais état qu'il n'y avait pas de charrette qui y puisse passer, ce qui n'avait pas grande conséquence, puisque ce bras du fleuve était ordinairement à sec. Quant à la partie situee entre l'Isle et la rue des Minimes, elle était entièrement ruinée, et, « si l'on voulait la rétablir, dit le mémoire, il faudrait de grosses dépenses, n'ayant qu'une culée en maçonnerie et sur l'autre rive quelques aiguilles de bois de chêne ».

Telle est l'histoire lamentable du premier pont de Roanne.

Un siècle devait s'écouler avant la construction d'un nouveau pont. Il ne faudrait pas en conclure que pendant ce long espace de temps on ne fit aucune tentative pour restaurer ce qui restait du pont primitif et rétablir les communications entre les deux rives du fleuve. A plusieurs reprises, des travaux furent faits dans ce but, mais ne paraissent pas avoir complètement réussi, sauf peut-être entre 1670 et 1680, époque à laquelle certains documents laissent entendre que les communications entre l'Isle et la ville avaient été reprises.

Quoi qu'il en soit, de 1680 jusqu'en 1750, le bac à traille reprit son service. A cette époque, un grave accident ayant failli arriver à l'intendant de la généralité de Lyon qui traversait la Loire avec sa famille, celui-ci ordonna aux ponts et chaussées d'établir les plans et devis d'un nouveau pont sur la Loire. Les ingénieurs de Sa Majesté s'éxécutèrent et comme on venait d'ouvrir la rue Ducale (aujourd'hui rue Nationale), ils discutèrent que le pont serait construit dans l'axe même de cette rue. Ce projet fut exécuté ; il comprenait deux ponts : l'un entre la rue Ducale et le bec de l'Isle ; l'autre, entre l'Isle et le Coteau, leur longueur atteignait près de 250 mètres.

Le nouveau pont fut utilisé jusqu'en 1785, date à laquelle une forte crue ayant emporté le petit pont, situé entre l'Isle et le Côteau, l'ingénieur de Varaigne le fit remplacer par une chaussée « formant avenue ».

La grande inondation du 11 novembre 1790 emporta la chaussée nouvellement construite, aussi bien que le pont unissant l'Isle à la rue Ducale. Cette catastrophe interrompit les relations entre les deux rives du fleuve ; elles ne furent reprises que quelques jours plus tard, grâce au rétablissement du bac, hâtivement remis en état.

Au mois de janvier 1791, M. de Varaigne, devenu ingénieur en chef des Ponts et Chaussées du département de Rhône-et-Loire, fut mis en demeure d'établir les plans et devis d'un nouveau pont. Malgré l'opposition qui avait été faite à l'ancien état des choses il reprit le projet, qui venait d'être si funeste à la ville de Roanne et proposa de rétablir la levée entre le Coteau et l'Ile et de construire le pont entre l'Ile et la rue Ducale devenue rue Nationale.

Cette proposition suscita d'unanimes réclamations qui finirent par émouvoir les pouvoirs publics, lesquels invitèrent M. de Varaigne à modifier ses plans. Celui-ci, obligé de s'incliner devant un ordre du Comité des Travaux publics, le fit de fort méchante humeur, se contentant de renverser son projet en construisant le pont entre le Coteau et l'Ile, rejetant la levée entre l'Ile et la rue Nationale.

Ce projet ne donnait pas satisfaction aux Roannais qui faisaient observer qu'en temps de crue, un seul pont était insuffisant pour donner passage aux eaux du fleuve : il fut cependant accepté et exécuté.

« Le comité central mit en adjudication une première série de travaux. Le citoyen Bompart fut déclaré adjudicataire et se mit à l'ouvrage. Les plans comportaient la construction sous terre, outre les deux culées et les six piles, d'un radier continu sur toute l'étendue et sur la largeur entière du tout. En effet, ce radier profondément encaissé dans le lit de la rivière, offre à sa surface supérieure un plan parfaitement horizontal et est formé par de larges dalles en pierres solidement encastrées dans la maçonnerie : il rend absolument impossible l'affouillement des eaux.

« La première année 1792 vit dépenser 154.353 livres sans que les fondations ni des piles ni du radier fussent achevées. On avait espéré mieux ; mais les crues de la Loire, le manque d'ouvriers, l'abondance des infiltrations jointes à l'imperfection des moyens d'épuisement dont la science disposait alors, retardèrent longtemps cette œuvre importante.

LE NOUVEAU PONT

Les pierres de taille se prenaient dans les carrières de St-Maurice-les-Châteauneuf, au delà de Charlieu ; la chaux provenait des carrières de calcaire de Naconne et Régny, remarquable par ses qualités hydrauliques (1). »

L'année suivante, on essaya de construire un pont provisoire pour aider et suppléer le bac, mais il était à peine terminé, qu'il fut emporté par une crue (2).

Pendant le terrible hiver de 1795, un pont de glace vint remplacer le service du bac. Plusieurs personnes périrent en voulant passer

---

(1) M. F. Potlier a publié sur ce même sujet plusieurs articles auxquels nous avons fait de fréquents emprunts.

(2) Le 23 Pluviôse an III, à la requête des officiers municipaux de Roanne, le Directoire du département de la Loire invite les autorités roannaises à faire construire sur la Loire un pont volant ou pont de bateaux, lequel aura l'avantage d'utiliser les aiguilles et madriers de l'ancien pont de bois, d'être à l'abri des crues et avalanches des glaces en temps d'hiver, et de ne pas empêcher la continuation du pont de pierre en le privant des ouvriers occupés au boisage, lesquels seraient nécessaires pour la construction d'un pont de bois. (Archives dép. de la Loire.)

pendant les premiers jours de la formation de ce pont naturel. Toute communication fut interrompue. Les courriers ne purent pas plus passer que les autres : le maître de poste perdit un jour huit chevaux en essayant de traverser la Loire pour envoyer une dépêche importante.

Les travaux du pont, suspendus pendant chaque hiver, reprirent avec une certaine ardeur en 1796. Plusieurs centaines de prisonniers autrichiens, prussiens, piémontais, se trouvaient internés à Roanne : on en fit travailler un certain nombre. Les communications étaient toujours interrompues.

Enfin, en 1798, quelques citoyens énergiques résolurent d'en finir avec une telle situation. Ils se cotisèrent entre eux, obtinrent de l'administration de prendre des bois dans les biens des émigrés, et firent des souscriptions publiques pour construire un pont provisoire destine aux piétons et aux voitures légères. Chose étonnante, cette seconde tentative parvint à réussir. Le pont fut achevé entre Roanne et l'Ile pendant l'année 1799. Il ne fut détruit qu'après 1830. Parmi les hommes qui se mirent à la tête de cette entreprise se trouvaient les citoyens Brissac fils, Thibaut, Chorgnon, Guibert, Louis Burreau, Mettet, Albert Laroque, Doyat, Marillier, Dutil, etc. Le pont de bois construit, on put attendre avec un peu moins d'impatience, l'achèvement du pont de pierre.

En 1802, M. de Tardy (1), voyant avec peine la lenteur avec laquelle on travaillait à la construction du pont, résolut d'intéresser Bonaparte à ce travail ; et dans ce but, lui adressa une épître en vers qui débute ainsi :

Jeune et vaillant guerrier, qui, plein d'un noble feu
Semble un nouveau Cyrus envoyé par un dieu ;
Toi qui, sauveur hardi de l'Europe étonnée,
De vingt peuples jaloux, fixes la destinée...
Je sais qu'Homère, seul, doit chanter le Dieu Mars,
Je dirais tes vertus, je peindrais ton génie...
En parlant des Français rendus à leur patrie,
J'exhalterais le nom de leur libérateur :
De ses soins paternels le prix le plus flatteur
Serait le doux transport des épouses, des mères,
Après tant de douleurs et de larmes amères.
Mais d'une ville entière, interprète fidèle,
Bonaparte, je dois t'intéresser pour elle...

(1) M. de Tardy, propriétaire du château de Rhins, au Coteau, possédait à Roanne un hôtel, à l'angle des rues du Lycée et Bourgneuf.

Et le poète, amenant la Loire aux pieds du dieu Neptune, lui prête ce langage :

Aux lieux, où s'échappant d'un dernier précipice,
Mon onde, répond-elle, au commerce propice,
Coule, du sud au nord, avec tranquillité,
Sur mes bords sablonneux s'élève une cité.
Roanne est son nom : bientôt elle aurait peu d'égales,
Si l'art, encouragé par des mains libérales,
Osait développer tous les dons précieux,
Qu'à son site enchanteur ont accordé les dieux...
Mais, quand l'heureux Paris étale les merveilles,
Que pour lui des beaux-arts ont enfanté les veilles :
Quand, pour voir le héros qui leur donna la paix,
Des deux bouts de l'Empire accourent les Français ;
Je ne me plaindrai plus, si bientôt sur mes rives,
Un pont, l'objet des vœux des épouses craintives,
Présente au voyageur un passage assuré,
Et qui par eux jamais ne fut tant désiré.
Pardonne, *Bonaparte,* une Muse indiscrète ;
Mais, si par quelques traits, tu m'as jugé poëte,
Deviens mon Apollon...

On ne sut jamais si l'épître poétique de M. de Tardy fut agréable ou déplut en haut lieu ; mais on constate qu'elle fut inefficace puisque les travaux du pont furent interrompus de 1803 à 1810.

Le 15 mars 1810, l'empereur fit allouer d'importants crédits, et l'on put espérer que les travaux allaient enfin toucher à leur terme. Vain espoir, l'Empire ne devait pas les voir achever.

En 1814, en effet, Napoléon Ier, après son abdication, passa à Roanne pour se rendre à l'île d'Elbe. Les dernières clefs de voûte n'étaient pas encore toutes placées, et l'Empereur put à bon droit s'étonner de ce retard. Il en demanda la raison à M. Populle qui l'accompagnait. « L'argent pourtant n'a pas manqué », lui dit-il. « Sire, c'est vrai, répondit M. Populle, mais les sangsues étaient en nombre ! »

Après l'Empire, vint la Restauration. Le Conseil municipal de Roanne, estimant qu'une œuvre d'utilité publique, comme le pont de la Loire, était d'intérêt général et en dehors des questions politiques, résolut de solliciter l'aide du gouvernement royal pour l'achèvement du pont. Au mois de juillet 1814, profitant de la présence à Vichy de la duchesse d'Angoulême qui, disait-on, était influente à la cour, le Conseil lui envoya une députation pour l'inviter à visiter Roanne. La duchesse accepta et pendant qu'elle était fêtée et choyée comme une reine à l'hôtel de Livron, mis gracieusement à sa disposition, la municipalité lui remit un mémoire dans lequel est décrit l'état du pont et indique les justes appréhensions des autorités roannaises au sujet de cette entreprise » qui intéresse la France entière.

On lit dans ce mémoire :

« Cinq arches du pont de pierre sont construites et les deux autres sont garnies de cintre en bois prêts à recevoir les voûtes. Ces bois, déjà éprouvés et affaiblis pour avoir servi aux premières, sont exposés à toutes les intempéries, aux alternatives des pluies et de la chaleur. L'eau pénètre dans les joints et les pourrit. Si cet état se prolonge encore un an, on ne pourra pas s'en servir, sans compromettre la solidité de l'ouvrage, et il faudra s'attendre à une dépense de plus de 60.000 francs pour les renouveler...

« Enfin le retard de l'achèvement de ces deux arches exposerait à un dépérissement funeste une partie des ouvrages déjà exécutés. Des filtrations nombreuses se manifestent pendant les pluies à travers les voûtes et l'on ne pourra y parer jusqu'à l'époque où, les sept arches étant fermées, il deviendra possible de les recouvrir des ouvrages nécessaires en maçonnerie... »

Cependant les événements qui survinrent et les changements de régimes empêchèrent les divers gouvernements qui se succédèrent à Paris de s'occuper du pont de Roanne, et pendant trois ans, aucun travail ne fut effectué.

En 1817, M. de Tardy, étant devenu maire de Roanne, voulut tenter quelque chose pour le travail inachevé. Après avoir invoqué la Muse, il reprit donc sa plume de poète, et pour la seconde fois, composa une épître en vers pour solliciter l'intervention et l'appui de Sa Majesté Louis XVIII. Voici la fin de cette pièce :

...Trop heureux, ô Louis ! si ta brillante étoile,
A travers les écueils a ramené ma voile,
Si j'arrive à tes pieds, et si, pour ma cité,
Je puis en ce moment invoquer ta bonté.
Tu m'as nommé son chef, je dois parler pour elle,
Gratifie, ô Louis, une ville fidèle,
En appelant bientôt à des travaux actifs,
Tous les bras que l'hiver dans ses murs laisse oisifs.
Le bienfait s'étendra sur la race future,
Si la Loire aujourd'hui, qui vague à l'aventure,
Plus propice et plus belle, en un cours plus constant,
Est conduite en triomphe au beau pont qui l'attend.

Il en fut de cette épître rimée comme de la précédente ; elle ne produisit aucun résultat. Il y a mieux, l'auteur raconta lui-même plus tard, sans mauvaise humeur du reste, que sa composition poétique avait été jetée immédiatement dans la corbeille des papiers au rebut. Les requêtes poétiques du noble marquis n'étaient pas mieux traitées que les prosaïques pétitions du démocratique conseil municipal de Roanne.

En 1818, cependant, quelques travaux furent effectués, notamment le bétonnage des voûtes sur lesquelles on put établir définitivement le passage des voitures et des piétons. Ce travail fait, l'administration des Ponts et Chaussées resta inactive pendant douze ans. On était alors en pleine Restauration et il semblait que les ingénieurs de ce régime politique étaient vexés d'entendre la population roannaise appeler le pont de pierre, le pont de l'empereur.

Le 30 décembre 1830 on procédait enfin à une dernière adjudication de 120.000 francs pour préparer les abords, terminer les parapets et construire dans le prolongement de la Grand'Rue la chaussée (1) qui devait remplacer le pont de bois élevé en 1799 par souscription publique (2). Pendant quatre années on travailla à détourner le cours du fleuve et à le forcer à passer sous le nouveau pont (3). On établit une levée entre la culée de gauche et l'embouchure du Renaison afin de régulariser le lit de la Loire et de protéger la ville.

En 1834 l'œuvre touchait à sa fin, une partie du parapet toutefois restait à fermer. Au mois de mai, un solide chariot traîné par dix paires de bœufs amenait une immense pierre tirée des carrières de Saint-Maurice ; elle fut placée presque au milieu du pont où elle forme le parapet en amont. Sa longueur d'un seul bloc est de 7 m. 60 ; elle mesure 0 m. 41 de hauteur et 0 m. 50 de largeur. Sa mise en place fut la dernière opération : le pont de Roanne était achevé.

Les travaux avaient duré quarante-deux ans et avaient coûté trois millions cinq cent mille francs.

C'est ainsi que fut construit le pont de Roanne, qui mesure 198 mètres de longueur. Exécuté tel qu'il a été conçu, il se compose de sept arches, d'une ouverture à la base, de 24 mètres chacune et d'une hauteur de huit mètres du radier à la clef de voûte. Chaque pile a une épaisseur de 4 mètres 55 et se trouve protégée par un avant corps arrondi, destiné à diminuer la violence des eaux.

---

(1) La levée remplaçant le pont de bois construit entre la rue Royale et l'Ile fut achevée en 1835. Le 12 septembre 1835 le Conseil municipal vota une somme de 200 fr. pour y planter des arbres de chaque côté. L'année suivante, le 25 mars 1836, le Conseil votait 1135 fr. 40 pour les frais d'achèvement de la levée et 360 fr. pour y placer douze bancs.

(2) Le 3 mars 1834, l'administration des Ponts et Chaussées procéda à l'adjudication des matériaux du pont de bois au prix de 15.245 fr.

(3) Une délibération du Conseil municipal portant la date du 19 décembre 1833, fait connaître qu'à cette époque le lit de la Loire avait été rectifié et ses eaux amenées sous le nouveau pont de pierre. Le procès-verbal constatant les faits que « depuis que la Loire a été mise sous le pont de pierre », il s'est formé, en amont de la levée qui remplace l'ancien pont de bois une « gasse » ou marécage où affluent toutes les eaux pluviales de la ville dont les émanations nuisent à la santé des habitants. Le maire demande au Conseil l'autorisation de solliciter du gouvernement la cession de cette partie de l'ancien lit de la Loire qui présente une superficie de 90 ares, à la charge par la ville de la faire combler.

D'après M. F. Pothier, que nous avons souvent cité, le pont de Roanne qui était une œuvre remarquable lorsqu'il fut conçu et commencé, avait été dépassé par d'autres travaux du même genre, lorsqu'il fut achevé. Cette observation est juste, mais il n'en reste pas moins vrai que le pont de Roanne est une œuvre remarquable par sa solidité et intéressante par son ornementation. A ce double point de vue il convenait de fixer les épisodes qui surgirent au cours de sa construction et de signaler à nos lecteurs les divers personnages roannais ou étrangers qui participèrent à cette entreprise, dont le résultat est de faciliter depuis cent ans les relations entre Roanne et le Coteau.

La Marine Roannaise en 1811

Rapport adressé par le Maire à Son Excellence le Ministre de l'Intérieur, le 28 novembre 1811, en réponse à une demande de renseignements envoyée le 20 du même mois :

Quel est dans la ville de Roanne le nombre des maisons de commission, l'époque de leur établissement et leurs raisons de commerce ?

Il n'existe dans la ville de Roanne aucune maison de commission pour le transport par terre des marchandises. Celles qui proviennent des fabriques du pays et les bleds du département de l'Allier, lorsqu'ils sont transportés dans les départements méridionaux, sont confiés directement aux voituriers. Le plus accrédité est le sieur Flandre, maître de poste. Les sieurs Chapuy, aubergiste et André Vignat, au faubourg du Coteau, commune de Parigny, sont les principaux entreposeurs des bleds.

Les maisons de commission pour les expéditions par eau sont au nombre de six, sous les raisons de commerce suivantes :

Merle le jeune, Pernety frères, P. J. Desvernay, père et fils ; Veuve Meynin et fils ; J. Jars, aîné ; Ant. Faure.

Ces maisons de commerce subsistent depuis plusieurs générations. Elles n'ont pu fournir de renseignements précis sur l'épo-

Aquar. Lafay.

CHAPELLE SAINT-NICOLAS
Siège de l'ancienne corporation des Mariniers Roannais

que de leur établissement. Il paraît certain que pour toutes elles remontent au même temps et sont antérieures au XVIIIe siècle.

Observations : Lorsque la Loire cesse d'être navigable par l'effet des basses eaux, ce qui est très rare, et que les expéditions sont urgentes, les commissionnaires emploient la voie des transports par terre.

Quels sont les lieux avec lesquels elles ont leurs relations principales ?

Les expéditions par terre sont, à peu d'exceptions près, destinées pour Lyon, Paris et Orléans. — Les commissionnaires expéditeurs par eau ont des relations avec toutes les villes principales du Midy et en reçoivent les marchandises. — Les expéditions se font pour Paris et les villes riveraines de la Seine au dépens de la capitale ; Briare, Orléans, Nantes et les villes intermédiaires sur les rives de la Loire.

Quels sont les objets sur lesquels s'exerce la commission et que les négociants expéditeurs font passer d'une ville à l'autre ?

Ces objets sont principalement : le vin, la toile, l'huile, le savon, l'eau-de-vie, le liège, le coton, la laine, le riz, le souffre, la jaude, les bois de teinture, la clinquaillerie, les armes, les fruits secs du midi.

Observations : On ne comprend pas dans cet état le charbon de terre parce qu'il est expédié directement par les marchands sans l'entremise des commissionnaires. Il en est de même du vin du pays et des sabots.

Quels sont les prix de transport. Le nombre de jours de route pour les diverses places de correspondance. Si le prix varie selon les saisons et le nombre de jours pour le voyage augmentés ou diminués ?

Les prix de transport par terre sont communément de Roanne à Lyon de 3 fr. 50 le quintal métrique. De Roanne à Paris, de 14 fr. id. De Roanne à Orléans, de 12 fr. id. — La durée ordinaire de transport par terre est pour Lyon de trois jours, pour Annonay de quatre jours, pour St-Etienne de trois jours, pour Villefranche de trois jours, pour Paris de onze jours, pour Orléans de huit jours. — La différence des saisons et l'augmentation ou la diminution des jours de voyage ne produisent, en général, aucune variation dans les prix. Cet effet ne résulte que de la quantité de marchandises à transporter.

De quelle contrée sont les voituriers qui fréquentent habituellement cette place ?

Les voituriers qui chargent les marchandises sur la place de Roanne sont tous de cette ville. Ceux qui les y amènent sont presque tous de l'arrondissement de Roanne, de celui de Saint-Etienne et du département du Rhône.

Observations : Le transport des marchandises de Lyon à Roanne s'effectue généralement sur des charrettes attelées de bœufs.

Quel peut être le nombre de ceux qui s'y rendent annuellement ?

Lorsque les marchandises affluaient sur le port de Roanne, il y arrivait annuellement de huit à dix mille voitures. Aujourd'hui à peine y arrive-t-il la cinquième partie.

Quel est le nombre des bateaux et autres embarcations servant au transport des marchandises sur la Loire ?

Dans le même temps, il partait annuellement de huit cents à mille bateaux chargés de vin ou de marchandises. Depuis l'ouverture des canaux de communication de la Saône à la Seine, ce nombre se trouve réduit à environ cent cinquante.

Observations : Le transport des charbons n'est pas compris dans ce calcul. Il employait par an à peu près 1500 bateaux. Depuis l'ouverture du canal de St-Quentin, cette branche de commerce a considérablement souffert.

Quelle est la quantité de marchandises que les bateaux peuvent recevoir, leur grandeur, la forme de construction, ce qu'ils coûtent selon leur dimension, où ils se construisent et le nombre d'hommes nécessaire pour les conduire, le salaire des bateliers, les frais annuels de réparation et le terme ordinaire de leur durée ?

Les bateaux peuvent recevoir jusqu'à quarante-cinq mille kilogrammes. Ils ont 23 mètres ou environ de longueur sur 3 m. 50 de largeur, ils sont plats et relevés aux extrémités. Ces bateaux, construits en chêne, au bordage près, coûtaient jadis de sept cents à mille francs. Construits en sapin, de cinq à six cents francs. Le prix actuel des bateaux en chêne est de trois à quatre cents francs ; celui des bateaux en sapin est de cent cinquante à deux cents francs.

Ils se construisent à Roanne et à Saint-Rambert. En descendant la Loire à partir de Roanne, deux hommes suffisent pour la conduite d'un bateau, souvent même les bateaux sont accouplés et alors trois hommes en conduisent deux.

Anciennement les salaires d'un batelier de Roanne jusqu'à Briare s'élevaient jusqu'à trois cents francs. Aujourd'hui, pour le même trajet ce salaire varie de quarante-cinq à soixante francs. Au-delà de Briare il s'accroît en raison des distances.

Ces bateaux restent ordinairement au lieu de destination des marchandises. En conséquence un voyage est le terme commun de leur durée. Ceux en chêne pourraient cependant, à l'aide de quelques réparations, servir plus longtemps soit dans les parties inférieures du fleuve, soit sur les canaux.

Observations : La commune de Saint-Rambert, département de la Loire, fournit beaucoup de bâteaux en sapin, attendu que c'est le lieu de l'embarquement des charbons de terre et que depuis là jusqu'à Roanne les bateaux ne peuvent porter que demi-charge.

Quels sont les lieux de destination des bateaux, le prix du transport et la nature des denrées qu'ils chargent ?

Les lieux de destination des bateaux sont Paris et les villes au-dessous sur les rives de la Seine ; toutes celles sur les rives de la Loire jusqu'à Nantes. — Les prix du transport sont susceptibles de variations suivant la quantité d'eau qui est en réserve. Ils s'élèvent, pour Orléans, depuis trente jusqu'à soixante par milliers métriques ; pour Paris et Nantes, depuis soixante jusqu'à quatre-vingts, tous droits de navigation et de canaux compris. Les denrées dont se composent les chargements des bateaux se trouvent toutes désignées en la réponse à la troisième question.

Tel était l'état de la marine roannaise à la fin de 1811, les troubles politiques, la guerre, puis le blocus continental l'avaient à peu près détruite. Un quart de siècle devait encore s'écouler avant l'ouverture du canal de Roanne à Briare qui lui rendit pour quelques années sa vie et sa prospérité passées. Mais ce sont là choses locales que nous avons racontées ailleurs dans notre travail *Roanne au cours des trois derniers siècles ;* nous n'y reviendrons pas, notre but étant uniquement de donner ici le tableau de notre marine vers la fin du premier empire.

La rivière de Rhins.

Il nous est souvent arrivé d'entendre le promeneur habitué à fréquenter le sentier plein d'ombre et de mystère qui longe la rivière de Rhins et le pêcheur à la ligne méditatif, exprimer le désir de savoir quelque chose sur la rivière qui coule devant eux. Chaque goutte d'eau a son histoire, a dit le poète, et ceux qui fréquentent les bords de la rivière de Rhins voudraient connaître l'origine et l'importance de cette rivière aux eaux tantôt lentes et silencieuses, tantôt rapides et grondantes. C'est pour répondre à ce désir, satisfaire cette curiosité, que nous avons écrit les lignes suivantes destinées à faire connaître à nos concitoyens l'origine et l'histoire de la rivière de Rhins, le plus important des affluents que la Loire reçoive dans le département auquel elle a donné son nom.

La rivière de Rhins prend sa source au nord-ouest du département du Rhône, au mont Pinay et dans le flanc des hauteurs de Belleroche, à une altitude de 700 à 750 mètres. Elle longe d'abord le versant occidental du chaînon de Belleroche jusqu'à Saint-Vincent-de-Rhins, puis le pied de la chaîne des Molières jusqu'à Amplepuis. A partir de cet endroit, la rivière, qui a pris la direction du nord, suit une vallée plus large, mais néanmoins fort accidentée jusqu'à Régny et l'Hôpital. Après avoir dépassé cette dernière localité elle entre dans la plaine de Roanne et va se jeter dans la Loire, à deux kilomètres au nord de l'agglomération du Coteau. A son confluent elle n'est plus qu'à 275 mètres d'altitude. Le cours de la rivière de Rhins, d'environ 55 kilomètres, se divise en trois parties en raison de son altitude (1).

Dans son cours supérieur, compris entre sa source et Saint-Vincent-de Rhins, sa chute est de 0 m. 015 à 0 m. 02 ; entre Saint-Vincent et Amplepuis, de 0 m. 007 à 0 m. 008. Dans cette haute région, Rhins ne reçoit que de minuscules affluents, dont deux seulement, Melas et Ransonnet, méritent d'être nommés.

---

(1) La superficie du bassin de la rivière de Rhins et ses affluents est d'environ 48.600 hectares.

Le cours moyen de la rivière se déroule dans une vallée plus large mais encore très accidentée. C'est dans cette partie, après avoir passé au-dessous de Saint-Victor-sur-Rhins, que notre rivière reçoit son principal affluent la Trambouze.

Ce ruisseau prend sa source dans les hauteurs de Rotecorde et se fraye un passage vers le Sud entre les chaînons porphyriques d'Ecoche et de Sevelinges et les rides nord-nord-est de Thizy et de Cours. Il se jette dans Rhins en amont de Régny, où se termine le cours moyen de notre rivière.

Après avoir alimenté les établissements industriels de Régny et passé au pied du coteau sur la pente duquel s'élève le vieux moutier bénédictin de cette localité, notre rivière décrit quelques méandres dans la vallée. C'est dans une de ses sinuosités quelle enserre une prairie dans laquelle on voit encore les ruines d'une maison forte qui fut pendant quelque temps la résidence des seigneurs de Pradines.

A l'Hôpital-sur-Rhins notre rivière reçoit le Gand qui prend sa source à la limite du département, sur la commune de Violay, au niveau d'environ 700 mètres (1). A partir de l'Hôpital, Rhins entre dans la plaine de Roanne. Dans cette plaine, où se déroule son cours inférieur il passe successivement au-dessous de l'abbaye de Pradines, du village et du château de Saint-Vincent, forme pendant plusieurs kilomètres la limite de la commune du Coteau et va se perdre dans la Loire (2) au milieu des touffes d'oseraie, de verdiaux, comme on dit dans le pays.

Dans cette dernière partie de son cours, la plus intéressante pour nous, Rhins coule d'abord entre les grands arbres, sous une voûte de verdure pleine d'ombre et de mystère, puis, son lit s'ouvre à découvert et projette sur chacune de ses rives des biefs sur lesquels sont échelonnés des établissements industriels et des buanderies. Enfin notre rivière se jette dans la Loire, après avoir traversé une vaste prairie et des terres basses émaillées de touffes d'oseraie. Cette plaine formait jadis un immense marécage, dans lequel il était difficile de discerner l'embouchure de la rivière qui, du reste, varia avec les siècles...

Si l'on jette les yeux sur une carte du haut Beaujolais on observe que les sources des rivières de Rhins et de l'Azergue sont peu éloi-

---

(1) Le Gand traverse le plateau de Neulise à l'extrémité duquel il reçoit l'Ecoron. Dans sa partie supérieure, la pente du Gand est de 0 m. 017 à 0 m. 018 ; de Croizet à Saint-Symphorien, 0 m. 0132, et de Saint-Symphorien à son embouchure, 0 m. 0074.

(2) D'après M. L. Gruner, le débit de Rhins à son embouchure est d'environ 6000 litres à la seconde ; mais il faut tenir compte que depuis 1857, date de la publication de l'ouvrage de M. L. Gruner, d'importants déboisements ont été effectués dans la partie supérieure de la vallée.

gnées. Comme la première de ces rivières est un affluent de la Loire et que la seconde se rend dans la Saône, un ingénieur contemporain de Louis XIV, conçut le projet d'unir les vallées de la Loire et de la Saône, en canalisant les rivières de Rhins et de l'Azergues. Son projet comportait une série d'écluses sur les deux rivières et un canal d'union alimenté par le grand étang de Poule (1).

Les guerres et les fléaux qui sévirent en France au cours des dernières années du règne de Louis XIV, firent abandonner ce projet. Il fut repris vers 1764, par un ingénieur des Ponts et Chaussées, qui, après étude sur les lieux, n'apporta que de légères modifications au plan primitif.

Cette conception hardie piqua vivement la curiosité publique ; mais on ne tarda pas à se rendre compte qu'une telle entreprise serait fort coûteuse et ne donnerait pas les résultats attendus, parce que le canal projeté serait gelé en hiver, à sec en été et d'une alimentation difficile en tous temps.

Les plans et devis du canal de la Loire à la Saône restèrent donc dans les cartons de l'intendant de la généralité de Lyon (2) ; mais une note manuscrite tracée à grands traits, d'une plume ferme, sur le dos d'un mémoire se rapportant à cette affaire, prouve que l'auteur du projet comptait sur l'avenir pour réaliser son rêve.

Des hautes terres voisines de la source de Rhins (3), descendons

---

(1) M. Brisson, dans ses *Mémoires historiques et économiques sur le Beaujolais* écrit : Pouilly. Cette erreur, qui doit être attribuée à des copistes, a depuis été reproduite par plusieurs publications.

(2) Au sujet de ce projet qui passionna l'opinion publique vers 1765, Trollieur de la Vaupierre, dans son *Histoire du Beaujolais*, s'exprime ainsi : « Le cours du Rheins et de l'Azergue, et leur situation ont donné depuis plus d'un demi-siècle l'idée d'un projet très important, mais d'une difficile exécution. Ces deux rivières ont leurs sources dans la paroisse de Poule. Le Rheins dirige son cours à l'Occident et tombe dans la Loire ; l'Azergue détermine le sien vers l'Orient et se jette dans la Saône. On les a envisagés comme deux canaux propres à faire la communication de la Saône à la Loire et en même temps des deux mers. On a même cru qu'il était d'autant plus aisé d'y réussir que, dans la paroisse de Poule, se trouve un étang assez grand pour former le point de partage. Rien ne serait plus avantageux, mais rien n'est plus difficile. On l'a tourné de plus d'une manière ; on a dressé des plans et des devis ; mais entre plusieurs obstacles qui se rencontrent, un des plus grands est que les montagnes du Beaujolais sont fort serrées et escarpées et que les eaux qui y passent ont une trop grande pente... »

(3) On lit dans les *Mémoires Historiques et Economiques sur le Beaujolais*, publiés à Avignon en 1770 par M. Brisson : Les eaux des rivières de cette province « sont employées à divers usages utiles, des scies à eau, des moulins de diverses espèces, des papeteries et des blancheries de toiles. »

dans la plaine roannaise pour retracer l'histoire du pont célèbre qui facilitait autrefois les relations entre le Forez et le Beaujolais et unit aujourd'hui les communes du Coteau et de Perreux.

Dès le XIVe siècle il existait un pont à l'endroit où se trouve aujourd'hui le pont de Rhins. La chronique du bon duc Louis de Bourbon nous parle de ce pont auprès duquel en 1377, le duc de Bourbon livra aux Anglais une bataille dont nous avons raconté ailleurs les péripéties. Ce pont, emporté plus tard par les eaux, ne fut rétabli qu'en 1480, en vertu d'une ordonnance de Louis XI, qui avait pu apprécier son utilité, alors que simple dauphin, fuyant la colère de son père, il s'était réfugié à Perreux. Son entretien et la charge de le réparer furent alors confiés à la famille Dalmezin qui fut pour cette raison exemptée à perpétuité « de toutes tailles et autres impositions. » Cette charge passa ensuite aux Michons de Perreux, alliés aux Dalmezin, comme nous l'apprend un acte de 1650, par lequel « Georges Michons, seigneur des Mures, est continué dans la jouissance des exemptions et privilèges accordés à la famille Dalmezin, à la charge de l'entretien du pont de Rhins, lequel a 37 toises de longueur (environ 73 m.) et 5 pieds 10 pouces de largeur, supporté par 42 aiguilliers ou piliers de bois de chêne, de la grosseur d'un pied. »

En 1711, une crue subite de la rivière emporta le pont. Reconstruit avant 1716, il subsista jusqu'en 1780, année où il fut de nouveau emporté par une inondation survenue à la suite de pluies diluviennes (1).

Sous la Restauration, lors de la rectification de la route départementale de Cusset à Villefranche, par le Coteau, le pont de Rhins et Perreux, on décida de construire un pont de pierre ; mais on se contenta d'édifier, au milieu de la rivière, la pile destinée à recevoir les assises des voûtes qui furent remplacées par une charpente de bois sur laquelle on établit la chaussée. Ce pont fut détruit par une inondation en 1886, époque à laquelle fut installé le pont actuel.

Telles sont l'origine, l'importance et l'histoire de la rivière de Rhins, dont les bords ombragés et agréables attirent chaque dimanche d'été tant de promeneurs de Roanne et du Coteau.

---

(1) On lit dans un curieux mémoire daté du 24 mai 1765 et resté manuscrit : « En 1744 cette rivière (Rhins), par l'abondance des pluys de cette année, s'enfla au point qu'elle renversa deux ponts de pierre solidement construits au lieu dit le Bas de Reins et on remarqua que les eaux en cet endroit s'étaient élevées jusqu'à 23 pieds de hauteur. Cette élévation extraordinaire fut occasionnée par la rencontre subite des terrains montueux contre lesquels frappe presque perpendiculairement cette rivière et qui, formant digue, l'empêchent de développer son cours et la forcent, par l'arc aplati qu'elle parcourt, à refluer considérablement lors des moindres avals d'eau. »

Le Climat et la Température du Coteau.

Le climat et la température moyenne du Coteau ; températures extrêmes. — La salubrité du Coteau autrefois et aujourd'hui. — Les vents de la plaine roannaise, d'après L. Mercier.

Le climat du Coteau est tempéré comme celui de la plaine roannaise, à laquelle il appartient. Toutefois, en raison de son altitude peu élevée (278 mètres) et du manque de relief de son territoire, sa température moyenne est légèrement supérieure à 11 degrés 8, et pourrait s'établir autour de 11 degrés 9. Quant aux variations extrêmes, elles sont assez considérables et donnent un écart approximatif de 50 degrés. C'est ainsi que pendant l'hiver de 1917, le thermomètre est descendu à 21 degrés au-dessous de zéro, dans le voisinage de la gare et du cimetière, alors que pendant certaines années chaudes, il est monté à Roanne à 32 degrés. Antérieurement, d'après des observations citées dans l'annuaire de la Loire pour 1808, « les plus fortes chaleurs ont été de trente-deux degrés, au thermomètre de Réaumur, et les plus grands froids de dix-neuf degrés. » En résumé, il résulte d'observations récentes, portant sur une période de vingt ans, que la moyenne de la température est à Roanne de 19 degrés environ pour l'été et de 8 pour l'hiver.

Les jours de pluie sont nombreux dans la plaine roannaise, parce que les vents du sud et de l'ouest y soufflent fréquemment. L'annuaire déjà cité indique, pour le département de la Loire, une moyenne annuelle de 145 jours pluvieux ; mais L. Gruner, dans son ouvrage : *Description géologique et minéralogique du département de la Loire,* spécifie pour la plaine de Roanne, 134 jours de pluie pour l'année 1849 et 123 pour l'année 1850. En raison de cette notation et d'observations plus récentes, la moyenne des jours de pluie pour notre région doit être de 120 environ (1).

(1) D'après M. de Gasparin, la saison la plus pluvieuse en Forez, est l'automne, surtout octobre et novembre, période de l'année dans laquelle survinrent les grandes inondations de la Loire de 1790, 1846

Il tombe annuellement sur notre sol 120 à 130 millimètres d'eau, moyenne qui a été dépassée au cours de l'année 1922, mais qui n'a pas été atteinte par l'année sèche de 1921, pendant laquelle un pluviomètre n'a recueilli que 0.074 d'eau. A citer aussi parmi les années anormales l'année 1906, au cours de laquelle le pluviomètre n'accusa que 0.068 et le débit de la Loire tomba à Roanne au-dessous d'un mètre cube par seconde.

Le Coteau jouit aujourd'hui d'un air sain et salubre, mais il n'en était pas de même autrefois, alors qu'il était entouré de mares d'eaux stagnantes — des gasses, comme on dit en Roannais — et de terres marécageuses.

C'était d'abord, du côté du midi, les étangs de Varennes qui s'étendaient du lit de la Loire à la berge de Bachelard. Ce territoire, tour à tour recouvert par les eaux du fleuve ou desséché par les chaleurs de l'été, produisait des miasmes délétères. A l'est se trouvaient les terres marécageuses des Plaines dont le sol, çà et là imperméable, conservait des flaques d'eau putride qui n'ont pas encore complètement disparu (1). Au nord la situation n'était pas meilleure, car la Loire et la rivière de Rhins formaient dans les terres basses du pré des Sables et de l'île Berthier, un immense marécage émaillé de touffes de « verdeaux » et bouleversé par les crues du fleuve. De cette ceinture d'étangs et de marais se dégageait un air malsain et « pestilentiel » que les vents du nord et du midi portaient sur l'agglomération et qui nuisait fort à la salubrité du Coteau. C'est ce que constate un rapport de police de 1737, dans lequel il est dit que le Coteau-Beaujolais est un lieu fort insalubre, parce qu'il est entouré d'eaux stagnantes et de marécages qui y persistent la plus grande partie de l'année.

---

et 1907 ; mais L. Gruner rectifie « que lorsqu'on consulte non le volume d'eau tombée, mais bien le nombre de jours pluvieux, on reconnaît que généralement les mois du printemps, surtout avril et mai, l'emportent sur ceux de l'automne ; le mois de juin est l'un des plus pluvieux, soit par la quantité d'eau, soit quant au nombre des jours de pluie ». Ajoutons, pour confirmer cette observation, que les crues de la Loire sont fréquentes en juin ; les mariniers roannais au pittoresque langage les appelaient les *crues des cerises*.

(1) Dans ses *Mémoires historiques et économiques sur le Beaujolais* (1770), Brisson, après avoir constaté la stérilité de certaines montagnes du Beaujolais, vante la fertilité de la vallée inférieure de Rhins. En arrivant dans le Beaujolais par la route de Roanne, écrit-il, on suit « un beau chemin solide de soixante pieds d'ouverture, et à perte de vue, à travers un terrain assez uni, sur lequel il domine un peu, quelques vignes, des terres cultivées, des pâturages, la rivière de Rheins accrue de tous nos ruisseaux, la perspective des châteaux d'Ailly et de Saint-Vincent, opposés en regard, forment des points de vue agréables pendant près d'une lieue et demie. »

Aujourd'hui la situation a bien changé. Les étangs de Varennes ont été en partie desséchés et les terres qu'ils occupaient, fertilisées par les limons du fleuve, produisent actuellement de riches moissons. Quant aux deux étangs (1) qui subsistent encore, ils ont été resserrés entre des berges artificielles, et les plantes aquatiques qui les envahissent de plus en plus, déposent chaque année une couche d'humus qui les fera disparaître dans un avenir peu éloigné. Les terres marécageuses des plaines ont presque totalement disparu pour faire place à des champs fertiles et à de bons jardins maraîchers.

Il en est de même, ou peu s'en faut, des marais de Rhins dont l'espace a été considérablement réduit et qui ont été rejetés plus au nord.

La disparition de cette ceinture de marécages a singulièrement amélioré la salubrité du Coteau.

Parmi les causes qui ont le plus contribué à ce changement et à cette amélioration, il faut citer la construction des digues élevées, en 1848, pour régulariser et canaliser le lit du fleuve, et surtout le travail intelligent et opiniâtre de plusieurs générations de cultivateurs.

Les vents qui soufflent sur la plaine roannaise ont aussi une influence sur la température de notre localité, de telle sorte que, selon le vent qui règne, on peut dans une certaine mesure, faire des pronostics sur les variations atmosphériques. L'influence des vents est d'autant plus grande sur l'agglomération du Coteau qu'elle est située en un point de la plaine roannaise à découvert au nord, à l'ouest et au sud. C'est seulement du côté de l'est, d'où souffle le « matinal », que notre ville est partiellement abritée par les collines de Perreux, le Gros-Chêne et Saint-Vincent. Il résulte de cette situation que les vents du nord — la bise, comme disaient les mariniers — du couchant et du midi, sévissent avec violence sur le territoire du Coteau. Cédons ici la place à Louis Mercier, il va nous faire connaître, de sa plume à la fois ferme et souple, simple et imagée, les quatre vents de chez nous. Cette belle page reposera nos lecteurs des détails un peu arides qui précèdent :

« Chez nous, les quatre vents s'appellent le matinal, la bise, la traverse et « le vent ».

« Oui, le vent, car c'est ainsi qu'on désigne, dans la campagne roannaise, le vent du Midi. C'est « le vent » qui, l'autre jour, balayait les champs, affolait les blés, tourmentait les arbres, secouait les fruits et allait jusqu'à détacher des raisins des ceps. Car pour la violence et la durée de ses colères, le vent du Midi ne connaît pas de rival ; il est le roi des vents, c'est notre mistral, à nous, un mistral

(1) On les appelle étangs Lachaume, du nom de l'entrepreneur qui, sous la direction de l'ingénieur Boulanger, construisit la digue rive droite.

chaud et qui court du Sud au Nord, alors que le vrai galope du Nord au Sud.

« Il souffle en toute saison, mais surtout au printemps et en automne. Au mois de mars et d'avril, il déchaîne la vie, fait éclater les bourgeons, allume la flamme des pêchers en fleurs, appelle au jour les germes endormis, c'est le vent des résurrections ; mais aux jours de novembre, il précipite la débâcle des feuilles, les arrache aux arbres gémissants, balance des vols de corbeaux et amène les grandes pluies froides qui préludent à l'hiver, c'est le vent des agonies. De décembre à janvier, il fait de brèves apparitions, bousculant, par des jours de dégel, de difformes troupeaux de nuées. Il est l'ennemi de la neige dont il hâte la fonte, qu'il flétrit de sa tiédeur et qu'il fait ruisseler en boue liquide.

« La bise, au contraire, conserve la neige, et se plaît, dans les claires nuits d'hiver, à mener, par sa blancheur, des danses mystérieuses. Elle est sauvage et pure ; les nuages s'évanouissent à son souffle ; elle avive la lueur des étoiles, et elle fait désirer la maison à ceux qui reviennent de la messe de minuit. Cependant, elle ne souffle pas seulement en hiver ; en été, elle préside aux longues périodes de beau temps, et tempère de sa fraîcheur les jours brûlants de juillet et d'août ; elle est le bon éventail qui sèche la sueur au front des moissonneurs ; elle est la goulée d'air vif qu'ils aspirent, debout un instant, avant de se replonger dans la paille embrasée.

« Quant à la traverse, elle nous vient de l'Océan, en passant par-dessus les montagnes de la Madeleine, et après avoir franchi quatre cents kilomètres de terre. Malgré cette distance, on dirait qu'elle apporte, parfois, l'odeur salée de la grande mer. Elle a aussi des façons de carder et d'effilocher les nuages qui évoquent le voisinage des vagues. Il semble, alors, que si l'on marchait un peu dans sa direction. et que si l'on montait jusqu'à la proche montagne, on découvrirait l'Atlantique. La traverse règne souvent en mars et avril ; c'est elle qui préside à ces folles et délicieuses giboulées où s'ébat l'enfance du printemps. Plus tard, elle jette les grandes pluies d'automne, car si c'est le vent du Midi qui amène la pluie, c'est le plus souvent la traverse qui la donne. En été, la traverse est souvent maudite par le paysan, car c'est elle qui, huit fois sur dix, nous amène du couchant les orages de grêle.

« Furtif et rare, le matinal est un vent de transition qui, chez nous, ne dure que quelques heures. Malgré son nom, il se déclare souvent le soir, au coucher du soleil, et dès le lendemain, avant midi, cède la place au vent du Sud. On dit, d'ailleurs, que « quand prend le matinal, le vent du Midi monte à cheval ». En hiver, pourtant, il lui arrive de tenir plusieurs jours de suite, et c'est au cours de son règne que la température descend le plus bas. Rien n'est glacial comme un lever de soleil, en janvier ou décembre, par le matinal. Ce vent n'amène ni la pluie ni la grêle ; il lui arrive pourtant d'être plus funeste que les tempêtes à grand fracas, car c'est lui qui, par les purs matins d'avril et de mai, gèle les vignes et anéantit, sur de vastes étendues, les espérances du vigneron. Silencieux désastre sur lequel, pour l'achever, se lève un soleil magnifique...

« Tels sont les quatre vents de chez nous. »

Deux conclusions découlent de ce qui précède : c'est d'abord que, malgré la gasse et les émanations qu'elle dégage pendant les chaleurs de l'été, l'air du Coteau est maintenant sain et salubre, grâce aux améliorations effectuées et aux vents qui successivement balayent en tous sens la plaine roannaise ; enfin qu'un observateur averti et attentif peut formuler quelques heures à l'avance un pronostic probable sur le temps qu'il fera chez nous.

VUE DE PERREUX

PERREUX

Aperçu de son histoire et raisons du rôle militaire qu'il joua autrefois. — Monuments et restes d'architecture militaire : le donjon, les murs d'enceinte, la porte ogivale. — Architecture religieuse : chapelle romane de Saint-Véran, au bourg, chapelle gothique formant nef latérale de l'église paroissiale. — Architecture civile : vieille maison du XVIe siècle avec étage en encorbellement et tourelle en forme d'échauguette. Logis de 1576 avec porte Renaissance, et portant inscription et linteau surmonté d'un écusson. — Vestiges de peintures murales. Hôtels du XVIIIe siècle. — Le canton de Perreux en 1790 et en 1801. — Le bourg actuel. Noms des Soldats de Perreux morts pour la France.

Nous avons raconté ailleurs *l'histoire de la ville et de la paroisse de Perreux* (1) ; aussi nous contentons-nous ici de conduire nos lecteurs

---

(1) Ce travail a paru dans le *Bulletin de la Société des Lettres, Sciences et Arts du Beaujolais* et a fait l'objet d'un tirage à part

dans les rues de cette antique prévôté du Beaujolais et d'interroger au passage les témoins du passé qu'elle renferme encore. A la vérité, ce ne sont que des vestiges, mais combien intéressants, en raison des spécimens d'architecture militaire, religieuse et civile que nous rencontrons ça et là.

Dès la fin du XIe siècle, le château fort de Perreux dressait au sommet de la colline qui porte aujourd'hui le bourg de ce nom, ses hautes tours, les massives murailles de sa construction principale et ses remparts crénelés. Ce château féodal avait alors une grande importance, tant en raison de son appareil militaire que de sa position stratégique. Il figure dans un grand nombre de tractations du temps, et notamment dans les conventions passées en 1202 et 1218, entre les sires de Beaujeu et les ducs de Bourgogne. Par ces traités, les sires de Beaujeu s'engageaient à rendre hommage au duc de Bourgogne pour les châteaux de Perreux, Thizy et Lay. En retour le duc promettait sa protection contre le comte de Forez qui faisait de fréquentes incursions sur les terres des sires de Beaujeu. Le rôle de la forteresse de Perreux fut alors très important et il n'est pas étonnant de la voir qualifier du titre de « Clef du Beaujolais ».

Il ne reste de cette époque lointaine que la base d'une tour ronde (ancien donjon) avec son curieux escalier dissimulé dans l'épaisseur de la muraille et la chapelle Saint-Véran, dont il sera parlé plus loin.

Au siècle suivant, la concession d'une charte de franchises et privilèges obligea les habitants à entourer leur ville d'une haute muraille flanquée de tours. De ce fait, les forifications de Perreux furent doublées.

Loin de garantir sa sécurité, ces fortifications attirèrent sur le pays les bandes anglo-gasconnes, bourguignonnes et autres qui se disputèrent la région au temps de la guerre de Cent Ans. Entre temps, les Routiers installèrent à l'abri de cette place forte une sorte de foire permanente au cours de laquelle ils écoulaient les produits des vols, larcins et pilleries qu'ils commettaient partout sur leur passage. Plus tard, ce furent les Tard Venus qui, à plusieurs reprises, fixèrent leur résidence dans le château de Perreux et, au déclin de la guerre de Cent ans, en 1441, les Ecorcheurs qui mirent tout le pays environnant à feu et à sang (1).

---

devenu rare. A signaler aussi la monographie de la commune de Perreux, insérée dans *Roanne et ses environs*, et une brève étude sur le Prieuré de Villeneuve-les-Perreux, parue dans le volume intitulé *Roanne autrefois et aujourd'hui — les Villes mortes du Pays roannais.*

(1) Les fragments de terriers et autres papiers de la châtellenie de Perreux nous font connaître un certain nombre de lieux qui ont persévéré jusqu'à nos jours plus ou moins déformés : Aiguillon, Aillière, la Baille, Bief, les Brandouillères, Brate, les Chamboux, Chantoiset, Châteauneuf, Choigne, Combe Robert, la Coste, la Cour,

Cependant, il convient de signaler, au cours de cette triste époque, quelques notes brillantes et joyeuses. Ce fut d'abord le séjour à la fin du XIVe siècle d'Edouard de Perreux, dernier sire de Beaujeu, dont le séjour dans sa prévôté de Perreux fut émaillé de fêtes et de festins. A signaler aussi les 5 et 6 janvier 1420, le passage du dauphin Charles, le futur Charles VII, le roi de Jeanne d'Arc ; enfin, en 1440, les fêtes données en l'honneur du même Charles VII venu en Roannais pour réduire à merci le dauphin Louis, plus tard Louis XI, qui se rendit à Perreux puis à Charlieu, où il fut « grandement receu sellon la possibilité des habitants de la ville. »

Avec la fin de la guerre de Cent Ans on aurait pu croire terminé le rôle militaire de Perreux ; il ne devait pas en être ainsi. Les guerres de Religion qui survinrent dans la seconde moitié du XVIe siècle virent restaurer son château et réparer ses murailles. Perreux fut assiégé par les protestants en 1570, et livré au pillage quelques années plus tard, durant les troubles de la Ligue.

A partir de cette époque, château et murs d'enceinte furent abandonnés aux injures des hommes et du temps, si bien qu'en 1709, lorsque la communauté des habitants voulut interdire l'accès de la ville aux vagabonds et mendiants qui pullulaient dans le pays, on fut obligé de clore avec des palissades les brèches des murailles, et de faire le guet nuit et jour.

L'architecture militaire du vieux Perreux n'est plus représentée aujourd'hui que par quelques pans de mur, les restes de deux tours et une porte de la ville encore intacte. Cette massive construction sans meurtrières ni machicoulis est formée d'une baie ogivale, continuée intérieurement par un long passage, avec voûte en berceau brisé. Aucune tour, aucune saillie ne la protège et sa valeur défensive devait résider seulement dans l'épaisseur des vantaux de la porte et la solidité des murs.

Les témoins de la vie religieuse des seigneurs et des habitants de Perreux, ne sont pas moins intéressants à étudier.

L'architecture romane est représentée par une construction remarquable. Ce petit édifice qui sert aujourd'hui de chapelle à une institution de jeunes filles est l'ancienne chapelle du château féodal. Placée sous le vocable de saint Véran, elle fut desservie d'abord par les bénédictins du prieuré de Villeneuve, puis par le clergé paroissial. A l'époque révolutionnaire, elle devint le siège de la *Société villageoise des Amis de la Constitution.*

---

la Croix du Lac, Croix Morestin, Douatier, les Franchises, Girin, la Goute Coutant, la Goute de la Blondonnière, Laye, Levresel, Liambotte, la Luhère, Montfort, le Moulin, Moulin Tampon, la Moutonnière, les Nevants (auj. Vens), les Paras, le Pelousat, le Petit Lac, Pierray, Piérat, Poux, la Pérelle, les Quatre-Croix, Rochefort, Rodon, La Rue, les Sarrasinières, la Treille, les Truchiers, les Vavres, etc.

La chapelle Saint-Véran est un spécimen de l'art roman du XIIe siècle. Ses murs épais prouvent qu'elle faisait partie du système des fortifications, et avait été édifiée à une époque où les hautes murailles d'une abbaye ou d'un château fort étaient nécessaires pour prier en sécurité. Plus tard, la toiture fut exhaussée sans doute pour servir de refuge en temps de guerre et, récemment, on a ménagé sous la chapelle un caveau avec accès extérieur. L'intérieur est parcimonieusement éclairé par trois baies plein cintre « à claveaux finement appareillés et cernés d'une archivolte saillante à billettes ». On peut penser que des fresques ornaient les murs de cette chapelle, mais jusqu'à présent aucune peinture n'a été retrouvée sous le badigeon.

Dessin de Noirot.

VIEILLE MAISON DU XVIe SIÈCLE

L'église paroissiale de Perreux (1) est une construction moderne formée d'une grande salle rectangulaire, accolée à une construction du XVIe siècle, for-

(1) Plusieurs chapelles étaient disséminées sur le territoire de Perreux, celle de Saint-Véran « au bourg », et celle de Saint-Roch, plus communément appelée des Quatre Croix, parce que quatre croix étaient échelonnées sur le chemin conduisant de l'église à la chapelle ; elle était située en un lieu isolé sur la grande route de Perreux à Thizy et on s'y rendait en procession chaque dimanche de l'année. Au nord, se trouvait la chapelle de La Garde, dédiée à saint Jean « formée d'une nef et d'un petit sanctuaire » et du côté du couchant, la grande église du prieuré de Villeneuve, composée de trois nefs avec absides.

mant une nef latérale de deux travées avec absidiole en hémicycle. On y remarque les restes d'une boiserie sculptée et au-dessus une peinture représentant deux personnages dont il est difficile de déterminer l'époque. Une tradition locale veut voir dans ces deux personnages Pierre II de Bourbon mort en 1503, et sa femme, Anne de Beaujeu, fille de Louis XI.

Les constructions privées présentent, elles aussi, d'intéressants spécimens de l'architecture civile du XVIe au XIXe siècle.

Voici d'abord un riche logis à deux étages en encorbellement, flanqué à l'un de ses angles d'une svelte poivrière en briques de deux couleurs, avec bandeaux de pierre taillée et à la base un cul de lampe extrêmement élégant. A l'intérieur on remarque une belle cheminée en pierre ornée de cartouches déchiquetés à la mode allemande du XVIe siècle. Ailleurs, on voit une belle porte Renaissance sur le linteau de laquelle on lit gravés ces mots *in domino confido* et la date 1576. Au-dessus, un tympan en demi-cercle est chargé d'un écusson qui pourrait bien être celui de la famille Morestin, jadis établie à Perreux. Non loin de là, on remarque dans une ancienne maison, sur la hotte d'une cheminée, une curieuse peinture représentant Mucius Scævola, qui expose sa main sur le brasier. (E. JEANNEZ.)

Les ruelles du vieux Perreux offrent encore çà et là des détails intéressants du temps passé et notamment deux petits hôtels du XVIIIe siècle dont un, dit les Côtes, est la propriété de la famille Varinard, déjà fixée à Perreux au temps de la Ligue.

Tels sont les témoins actuels du passé historique de Perreux. Ces vestiges caractéristiques d'une époque ne nous font pas connaître les chroniques d'une localité ancienne, qui fut jadis le siège d'une prévôté importante et d'une châtellenie qui ne compta pas moins de onze paroisses. Nous renvoyons les lecteurs désireux de les connaître, aux études que nous avons publiées ailleurs.

Au mois de janvier 1790, Perreux devint le chef-lieu d'un canton composé de six communes : Perreux, Jarnosse et Boyer, Montagny, Coutouvre, Saint-Vincent-de-Boisset et Boisset. Le remaniement opéré en 1801 forma le canton de Perreux, à peu près tel qu'il est aujourd'hui. Perreux comptait alors 2593 habitants ; il n'en a plus aujourd'hui que 1531.

Si le rôle militaire de Perreux est depuis longtemps terminé, les habitants de ce chef-lieu de canton n'en ont pas moins continué à se montrer bons français et vaillants patriotes ; ils ont été fort éprouvés lors de la grande guerre 1914-1918 et nous sommes convaincu qu'ils ne liront pas sans émotion, la longue liste des enfants de Perreux morts pour la France :

ANNÉE 1914

Arthaud Claude.
Barriquand Marius.
Daniel Michel.
Deboire Jean.
Desmurger Antoine.
Girardin Benoît.
Lefranc Alexis.
Lefranc Etienne-Pascal.
Martinet Antony.
Monroe Donald.
Mottet Henri.
Patay Denis.
Planchet Pierre.
Recorbet Etienne.
Roche Louis-Antoine.
Thivin Joannès.
Veillerot Jean-Marie.

ANNÉE 1915

Arthaud Jean-Marie.
Berger Pierre.
Delaye Pierre-Félix.
Denis Joannès.
Dupuy Claude-Henri.
Goutailler Benoît.
Lefranc Pierre.
Papillon Benoît.
Petel François.
Prost Philibert-Etienne.
Rochet Jean-Marius.
Sabatier Joseph.

ANNÉE 1916

Auclerc Claude.
Cartet Claude.
Champoly Albert.
Deblangey Léon.
Desportes Jean-Marie.
Desaye Jean-Claude.
Fragne Jacques.
Goutailler René.
Goutailler Claude.
Legros Jacques.
Monroe Melchior.
Mouzy Emile.
Nicolas Lucien.
Passot François.
Peillon Félix.
Tissier Jean-Marie.

ANNÉE 1917

Beluze Joseph.
Bonnaud Etienne.
Durand Joseph.
Ferrier Jean-Marie.
Gonindard Louis.
Guillot Marius.
Laurent Lucien.
Presle Pierre.
Saunier Claude.
Tissier Claude-Marie.

ANNÉE 1918

Barnachon Jean-Marie.
Desportes Joseph.
Fournier Gervais.
Guillermet Jean-Marie.
Journet Auguste.
Martinet Philibert.
Monat Jacques.
Prost Jean.
Sautet Etienne.
Thivin Jean-Baptiste.
Verrière Jean-Marie.

Les habitants de Perreux garderont avec fidélité et piété le souvenir de ces morts glorieux et ils sauront mettre à profit les belles leçons d'union et de dévouement qu'ils ont données.

Voici maintenant, à titre de renseignements, deux tableaux qui donnent sur les communes du canton de Perreux des indications qui se rencontrent rarement sous cette forme. Le premier de ces tableaux donne l'étendue territoriale de la commune et l'altitude du bourg, prise ordinairement au devant de l'église, et le second, le mouvement de la population depuis cent trente ans.

COMMUNES DU CANTON DE PERREUX

	Population en 1790	Impôts en 1790	Superficie	Altitude
Perreux	2230	17550 liv.	4135 h.	320
Boisset	400	4280 liv.	910 h.	300
Combre	....	....	401 h.	477
Commelle-Vernay	450	6451 liv.	1241 h.	340
Coutouvre	950	8823 liv.	2186 h.	450
Le Coteau	....	....	489 h.	278
Montagny	1325	8966,12 liv.	2556 h.	430
Parigny	300	6491 liv.	914 h.	331
St-Vincent-de-Boisset	475	7315 liv.	411 h.	300

STATISTIQUE DE LA POPULATION depuis 130 ans.

	1806	1850	1870	Recens. de 1901	Recens. de 1911	Recens de 1921
Perreux	2593	2707	2563	2170	2023	1531
Boisset	381	420	332	334	338	270
Combre	549	535	497	388	319	245
Commelle-Vernay	529	650	695	662	646	546
Coutouvre	1118	1700	1944	1724	1440	1308
Le Coteau	....	1568	1974	4462	4624	5113
Montagny	1287	1940	2141	1827	1904	1438
Parigny	1013	350	361	347	287	287
St-Vincent-de-Boisset	469	485	495	391	376	295

Il résulte de ce tableau, que depuis trois quarts de siècle, la population des communes rurales du canton de Perreux n'a cessé de diminuer au profit de l'agglomération roannaise. L'attraction de la ville a, ici, exercé son influence comme partout ailleurs, en France. Cependant, l'attrait de la ville aurait dû être moins grand sur les habitants du canton et particulièrement sur ceux de Perreux. Partout, en effet, la terre nourricière est généreuse de productions variées dont l'écoulement rémunérateur est assuré par le voisinage de l'agglomération roannaise, dont Perreux n'est qu'à trois kilomètres. Les familles établies sur ce sol fertile trouvent donc sans peine sur le lieu qu'elles habitent ce que le paysan va, dit-on, chercher dans les villes : la fortune, le bien-être et l'indépendance ; on peut même prétendre sans avoir l'air d'avancer un paradoxe, qu'il jouit de ces biens mieux et plus que le citadin. A vrai dire, le problème est d'ordre moral et le meilleur obstacle à opposer à cet exode est l'amour du pays natal. Mais, le pays natal, ce ne sont pas seulement des visages familiers, des horizons connus, une maison. Sa puissance est faite des émotions éprouvées parmi ces visages, devant ces horizons, dans cette demeure, et du besoin de les renouveler sans cesse par le souvenir. A Perreux, ces émotions devraient être plus vives qu'ailleurs, parce qu'elles s'allient à des traditions historiques bien établies et à des avantages matériels incontestés. Comme le faisait observer au XVIIIe siècle le curé Chatelain d'Essertines à son ami, l'auteur des Mémoires Historiques et Economiques sur le Beaujolais, le territoire de Perreux est favorable à toutes les cultures estimées ; il y a du « bled » à Aiguillon, aux terres Brandouillères, à Brate et à Fleury ; des prés estimés au flanc des coteaux sur les bords de Rhins et à la Grande Prairie qui s'étend du bourg jusqu'à la Loire ; des vignes qui donnent un bon cru à Chervé, dont le nom ancien est peut-être Chervigney, à Combe Robert, l'Hôpital (autrefois la Forest), les côtes Morestin, Chantoiset, etc. Voilà pour les principales cultures ; mais à côté de cela, il y a des bois fort étendus : la forêt de Féché, et des taillis appartenant à Mme de Buttery et au sieur Papon de Cerbué, du chanvre, au Chamboux, à Liambotte et au Lac, et de l'avoine « réputée la meilleure de la province » sur les terres qui s'étendent du côté de Montagny et Pradines.

Depuis deux siècles, de vastes terrains ont été défrichés, toutes les cultures ont été améliorées et des vignes ont été plantées sur les pentes des coteaux. Le produit de ces vignes, sans avoir la tenue et la saveur veloutée des grands crus du Beaujolais, en a cependant la couleur et le bouquet, aussi les vins de Perreux sont-ils appelés petits Beaujolais, dénomination qui comprend aussi les vins de Pradines, Saint-Vincent et Saint-Nizier-sous-Charlieu. La fertilité du sol de Perreux, la douceur du climat, la facilité des communications et le voisinage immédiat de l'importante agglomération roannaise qui assure un écoulement facile aux produits de leurs terres, devraient engager les habitants à rester chez eux.

Le Château de Chervé.

Construit sur le rebord d'un plateau qui s'incline vers la rivière de Rhins et forme le contact des montagnes du Beaujolais avec la plaine roannaise, le château de Chervé se compose de deux constructions importantes appartenant à des époques différentes. La première et la plus ancienne partie du château est constituée par une belle galerie formée de cinq arcades de près de trois mètres d'ouverture, s'ouvrant sur une vaste terrasse encore ornée d'un puits séculaire à haute margelle. La seconde partie est une haute et massive construction orientée vers le nord et flanquée à ses extrémités d'une tour ronde coiffée d'une toiture à pignon aigu. Ce bâtiment appartient au XVIIe siècle et a été remanié au siècle suivant.

La maison forte de Chervé entre dans l'histoire au déclin du XIVe siècle (1), époque à laquelle elle fut donnée avec droits honorifiques par Edouard de Perreux, dernier sire de Beaujeu, à Jean Semblène. Quel était ce personnage ? homme d'armes, compagnon de débauche, familier ? Les vieilles chroniques ne le disent pas. On sait seulement qu'il prit possession de la terre de Chervé, érigée en sa faveur en fief sans justice ; les dépendances territoriales s'étendaient surtout sur les deux rives de la rivière de Rhins, « du côté de la seigneurie de Roanne et de la terre de la dame d'Ailly ».

Les actes de Jean Semblème sont peu connus ; on sait pourtant qu'en 1420 il fonda, sous le vocable de saint Jean, son patron, une prébende dont le service devait être fait dans la chapelle élevée par le fondateur « ès église de Perreux ». Cette chapelle, qui existe encore, forme la travée médiane de la nef actuelle de l'église ; c'est aujourd'hui la chapelle de la sainte Vierge. Jean Semblène s'y réservait le droit de sépulture pour lui et ses successeurs.

---

(1) Ces renseignements sur Chervé et les familles nobles qui l'ont possédé sont extraits de notre travail : *la Ville et la Paroisse de Perreux.*

Grâce à sa riche dotation, la prébende Semblène se perpétua jusqu'en 1789 ; son service se faisait alors « à l'autel Saint-André, placé sous le jubé » et le prébendier, chargé d'en acquitter le service, était toujours nommé par les seigneurs de Chervé.

Après Jean Semblène, la terre de Chervé passa à une famille Perrin dont les chefs portèrent presque tous le prénom de Jean. A la fin du XVIe siècle, cette maison était représentée par deux frères, nobles Jean et Gaspard Perrin, dont l'entente semble loin d'avoir été parfaite.

Au début du XVIIe siècle, la terre et le château de Chervé étaient la propriété de Jean du Saix (1) qui en rendait hommage le 26 décembre 1600 au duc de Montpensier, alors seigneur du Beaujolais.

Les documents se rapportant à la vie privée de Jean du Saix qui fut successivement enseigne, lieutenant, puis capitaine dans les armées de Sa Majesté, lui font un titre de gloire d'avoir conquis ces grades à la pointe de son épée et d'avoir « pris part aux sièges de Sancerre (2), la Rochelle et la Charité. » Cette constatation est intéressante parce qu'elle montre combien les excès et les horreurs qui se déroulèrent au cours de ces sièges fameux émurent profondément les contemporains.

Au mois de septembre 1607, Jean du Saix obtint du roi Henri IV des lettres patentes en forme de chartes « contenant anoblissement

---

(1) La terre de Chervé était passée à la famille du Saix par le mariage de Louise de Guynes « qualifiée demoiselle de la Roche et de Chervé » avec Jean du Saix, fils naturel de Jean du Saix, seigneur de Resseins et de Jeanne Bordon, mariage célébré le 9 juin 1586.

(2) Le siège de Sancerre dont les habitants avaient subi « de maux extrêmes », avait vivement frappé l'imagination des contemporains. Un voyageur qui traversa cette ville quelques années plus tard, s'exprime ainsi :

« Bien que située à cinq cents pas de la Loire, Sancerre occupe une colline dont le fleuve baigne la base. » Parlant de cette ville, l'historien de Thou « s'étend sur les malheurs qu'elle a subis, et sur le fameux siège de 1575 qui nous force à croire ce qu'on raconte de ceux de Jérusalem, de Samarie et de Numance, puisqu'après avoir été contraints de dévorer les aliments les plus ignobles, les habitants finirent par manger la chair humaine. Réduite à une telle extrémité, la cité fut forcée de se rendre au Seigneur de la Châtre qui en abattit les remparts.

Les femmes sont d'une taille extraordinaire dans ce pays et on dit qu'elles ont aussi quelque chose de viril dans le caractère. Ce qu'il y a de certain c'est qu'elles se conduisirent très courageusement pendant le siège. Nous en vîmes une qui avait porté vaillamment le mousquet, monté la garde, et qui s'était très bien montrée en s'opposant aux efforts des assiégeants... » (Itinéraire de la Gaule par J. Zinzerling. J. S.).

en tant que de besoin ». Ces lettres patentes avaient pour but de soustraire le seigneur de Chervé aux tracasseries des consuls et habitants de Perreux qui, depuis 1602, se donnaient chaque année le malin plaisir d'imposer « le sieur du château » comme un simple manant.

Les descendants de Jean du Saix furent, pendant cinq générations successives, seigneurs de Chervé et le château fut leur residence habituelle. Parmi ces personnages il faut signaler au passage Jean du Saix, fils de Claude qui porta pendant près d'un demi siècle le titre de seigneur de Chervé. C'est, selon toute vraisemblance, ce personnage qui figure, accompagné de deux dames, sur un curieux exvoto, conservé dans l'église de Vernay. Sur ce tableau peint à l'huile mais sans cadre, chargé seulement d'un nom et d'une date : Chervé 1696, ce seigneur est représenté à genoux, vêtu du costume du temps, le visage tourné vers une Vierge noire qu'il semble prier avec ferveur. Saura-t-on jamais quelle grâce demandaient à Notre-Dame de Vernay, Jean du Saix et les deux dames agenouillées auprès de lui ; à quel drame intime et mystérieux se rapporte le tableau parvenu jusqu'à nous, malgré bien des vicissitudes ?

Jean Gabriel du Saix, petit-fils du personnage représenté sur l'exvoto de Vernay, devint seigneur de Chervé en 1712 ; il épousa à Montbrison, le 18 novembre 1715, Marguerite Papon de Goutelas. De ce mariage naquirent quatre enfants dont Louise du Saix, mariée le 18 novembre 1739 à Antoine de Fournillon, seigneur de Butery (1), la Cloistre, l'Espinasse, etc., commandant au régiment de Royal Vaisseau. Deux ans après, en 1741, Louise du Saix fit son testament en faveur de son mari. Mais, sur ces entrefaites, son père qui s'était remarié à Feurs avec Marie-Anne du Rozier eut une fille, Jeanne-Françoise du Saix dont les oncles et tuteurs revendiquèrent Chervé lorsque l'héritage de Jean-Gabriel du Saix eut été ouvert par sa mort arrivée en 1744.

Un procès retentissant s'éleva alors entre Antoine Fournillo de Butery, héritier de sa femme et sa nièce Jeanne-Françoise du Saix. Un arêt du Parlement donna gain de cause, en 1751, au sieur de Butery. Peu de temps après, celui-ci étant mort, le procès fut sur le point de renaître. Néanmoins son frère et héritier, Jean-François Fournillon de Butery fut reconnu comme seigneur de Chervé. A sa mort, arrivée en 1769, sa veuve, Marie Giraud de Montbellet, lui succéda. Deux ans après, en 1711, Suzanne Fournillon de Butery, fille des précédents, épousa, dans la chapelle de Chervé, Charles-Henri Gayardon de Grézolles, chevalier seigneur de Grézolles, Aix, Luré,

---

(1) Le fief de la Cloistre ou Butery, était contigu à l'église de Saint-Symphorien-de-Lay ; mais primitivement le nom de Butery était porté par un domaine situé au nord-est de cette commune ; il convient toutefois de mentionner que ce domaine indiqué sur la carte de Cassini, n'est pas marqué du guidon indicateur des fiefs.

Buffardan et autres places, capitaine aide-major, qui devint seigneur de Chervé après la mort de Madame de Butery survenue vers 1787.

En 1789 M. de Grézolles fut élu député de la noblesse aux Etats-Généraux. A son retour de Paris, il vécut très retiré à Chervé, où protégé par l'estime de ses concitoyens, il n'eut à subir que quelques rares visites domiciliaires. Un jour cependant il y eut grand émoi à Chervé ; le citoyen Lapalus, se rendant de Roanne à Perreux, aperçut au milieu des grands arbres le pignon aigu de la tour du château, reste orgueilleux d'un passé abhorré. « Il faudra abattre cette injure à l'égalité républicaine » dit-il à son entourage en montrant la tour.

Cette parole fut immédiatement rapportée à M. de Grézolles qui, séance tenante fit enlever le faitage et la toiture de la tour pour satisfaire le proconsul dont il connaissait les fantaisies tyranniques.

Quelques jours après, lorsque Lapalus retournant à Roanne passa dans la vallée, satisfaction lui avait été donnée. Le pignon de la tour servit de toiture à une glacière du château. Il existait encore il y a une quarantaine d'années.

M. de Grézolles mourut en 1819, il fut enterré dans l'ancien cimetière de Perreux. Sa pierre tombale transportée près de la petite porte latérale de l'église sert aujourd'hui de pierre des morts. De son mariage avec Suzanne Fournillon de Butery il eut trois filles : l'aînée, Marguerite Jeanne Emilie de Grézolles, avait épousé le 3 messidor an VIII, Hugues-Jacques, vicomte de Chaponay, ancien page de la comtesse d'Artois, qui mourut à Chervé le 27 juillet 1842. Sept enfants naquirent de cette union ; un des fils, Henri de Chaponay, né à Chervé le 20 prairial an IX, hérita de cette terre après la mort de son père. Vers 1848 il vendit Chervé à M. Louis M'Roé dont les descendants le possèdent encore.

La partie la plus intéressante des constructions qui forment le château de Chervé, est sans contredit la belle galerie aux arcades, aujourd'hui murées, qui s'ouvraient sur la grande terrasse du château. Cette galerie se compose de cinq arcades au cintre très surbaissé dont les arcs reposent sur des pilastres monolithes carrés avec bases et chapiteaux ornés de moulures.

Chervé est aujourd'hui la résidence de M. Henri M'Roë qui conserve avec un goût éclairé non seulement les restes du passé, mais encore le cadre qui entoure l'antique manoir. Dans le bois taillis voisin du château, respecté par les propriétaires successifs qui ont habité cette antique demeure, on voit des chênes séculaires dont la présence rappelle l'existence du bois voisin du Gros Chêne. De tout temps les poètes et les artistes ont aimé à étudier et à observer la nature dans le bois du château et nos maîtres peintres roannais, notamment E. Noirot et O. Lafay, se sont plu à reproduire dans leurs œuvres les prairies verdoyantes, les chênes aux ramures puissantes et les sous-bois mystérieux du parc de Chervé.

Le Château de Saint-Vincent.

Construit sur un tertre en saillie au-dessus du sol voisin, — on disait autrefois une motte, — le château de Saint-Vincent est connu sous le nom de la Motte Saint-Vincent. Ces titres lui donnent la qualification de « maison forte », ce qui représente, d'après les documents du temps, une massive construction rectangulaire flanquée de tours et entourée d'un fossé large et profond.

Les premiers seigneurs de la Motte Saint-Vincent furent les chefs d'une famille appelée Beck. Cette famille était établie dans le pays dès la fin du treizième siècle. En 1339, elle était représentée par Hugues Beck qui porte le titre de co-seigneur de Saint-Vincent, avec Geoffroy Beck, son cousin, chef d'une autre branche éteinte peu après.

Plus tard, vers la fin du quinzième siècle, la seigneurie de la Motte Saint-Vincent fut de nouveau partagée entre deux frères dont l'un est qualifié seigneur de la Motte et l'autre de La Court. Le fief de la Court dont il est ici question se composait d'un château « avec dépendances et appartenances », situé en la paroisse Saint-Vincent-de-Boisset. D'après un document contemporain, le château de La Court avait été construit dans le voisinage du château de la Motte, « du côté de bise un peu couchant », et il tirait son nom de sa situation à l'extrémité de la grande cour du château primitif. Lorsque s'éteignit la branche de la famille Beck, en faveur de laquelle il avait été érigé en fief, il fut abandonné et ne tarda pas à tomber en ruines. Dans un document de 1691, il est ainsi mentionné : « grange et domaine de La Cour ».

Aujourd'hui, rien ne rappelle plus aux passants l'existence du fief de La Court et sa situation même serait inconnue si quelques pierres éboulées, restes d'un ancien mur de soutènement, ne marquaient dans les terres voisines du château de Saint-Vincent son emplacement exact.

Une autre petite seigneurie dite de Laye avait été également créée sur le territoire de Saint-Vincent-de-Boisset. La famille de Laye, en faveur de laquelle elle avait été érigée, était représentée au temps de François Ier par Jeanne de Laye qui rendait hommage pour sa terre le 8 mars 1539. Plus tard la seigneurie de Laye sans justice, ni droits honorifiques, était la propriété de Pierre de Bussières qui en rendait hommage le 9 janvier 1601. La maison de Laye fut ensuite réunie à la terre de Saint-Vincent et elle figure dès lors au nombre des domaines dépendant de cette terre.

La famille Beck — plus tard de Beck — posséda la terre de Saint-Vincent jusque dans la seconde moitié du dix-septième siècle (1). En 1671, en effet, Claude-François Beck vendit la terre et les châteaux de la Motte et La Court, à François Courtin, écuyer conseiller du roi, seigneur de Châteauneuf, prévôt de Nos Seigneurs les maréchaux de France en la maréchaussée de Roanne. L'acte portait cession et vente au dit Courtin « de la maison et château de la Motte, situés en la paroisse de Saint-Vincent, mandement de Perreux, et ses dépendances, consistant en cours, basse-cours, granges, écuries, ménageries, caves, pressoirs, jardin, vignes, colombier, cens, servis, rentes et devoirs seigneuriaux, moulins, prés et terres, granges de Jally et Papot, dîmes, situés dans les paroisses de Saint-Vincent et de Boisset. »

Le château de la Motte Saint-Vincent « alors flanqué de deux tours », devint dès lors la résidence d'été de la famille Courtin. Pendant l'hiver, elle continua à résider à Roanne où François Courtin décéda le 21 avril 1694.

Guy Courtin, fils et successeur de François Courtin, résida presque continuellement au château de Saint-Vincent, témoin les régistres paroissiaux qui contiennent de nombreux actes se rapportant aux membres de sa famille. Il mourut et fut inhumé dans le cimetière de Saint-Vincent, le 11 mars 1722.

François-Marie-Joseph Courtin succéda à son père comme seigneur de Saint-Vincent. Il épousa Anne-Marguerite-Josèphe de Giry, dont il eut François-Joseph Courtin, baptisé à Saint-Vincent le 14 novembre 1728, dit « marquis de Saint-Vincent », qui fut le correspondant de Voltaire. De son mariage avec Victoire-Blandine Courtin, il ne survécut pas d'enfant, et c'est pourquoi, en 1787, il fit don de tous ses biens à sa nièce Blandine Hue de Grosbois, qui épousa cette année-là Jean-Baptiste de Nompère de Champagny, chevalier, major des vaisseaux

---

(1) La famille Beck résida au château de Saint-Vincent jusqu'à sa vente. On lit dans les registres paroissiaux de Saint-Vincent : « ce 23 septembre 1667 fut enterrée au tombeau des seigneurs de la Motte dans l'église de Saint-Vincent, dame Marie-Claire de Moiriac, belle-mère du seigneur Claude-François de Beck, seigneur de la Motte. »

du roi au département de Brest, chevalier de Saint-Louis (1). Cette donation fut mentionnée au contrat de mariage célébré le 22 janvier 1787.

C'était un cadeau princier que M. de Saint-Vincent déposait dans la corbeille de noce de sa nièce, car la terre de Saint-Vincent était de « bon rapport », et comptait plus de cinq cents hectares. Quant au château de la Motte, dans lequel nombre de générations s'étaient arrangées pour vivre avec plus ou moins de confortable, il venait d'être remplacé par la superbe résidence que l'on admire aujourd'hui. Non seulement toutes les recherches de la vie luxueuse et mondaine du temps y avaient été ménagées, mais un faste voulu avait présidé à son ornementation. Celle-ci, en effet, formée extérieurement par la pureté des lignes architecturales et huit grands pilastres qui, au milieu de la façade, font une décoration sobre et élégante, fut composée intérieurement de tout ce que la peinture et la sculpture pouvaient offrir de délicat et de brillant (2).

Le grand salon de Saint-Vincent, notamment, était pour les contemporains de Louis XVI et de Marie-Antoinette une merveille où s'étalaient à plaisir toutes les élégances et les frivolités de cette époque. Au-dessus des quatre portes du salon, on voyait des panneaux peints par Fragonard. Ils représentaient la Religion chrétienne ou papale, la Religion asiatique ou du grand Lama, la Religion d'Afrique ou de Mahomet et celle d'Amérique ou des Incas. Dans l'esprit des contemporains, ces peintures figuraient les quatre fanatismes et Voltaire passait pour en avoir inspiré à Fragonard le sujet et les figures.

Après avoir été transportées en Italie où elles firent partie de la galerie du prince Rospigliosi, elles revinrent à Saint-Vincent et furent vendues à un négociant roannais. On ne peut s'empêcher de regretter qu'elles n'aient pas repris leur place primitive ; elles complétaient à

---

(1) Insinuations du contrat de mariage de haut et puissant seigneur messire Jean-Baptiste de Nompère de Champagny, chevalier, major des vaisseaux du Roi, au département de Brest, chevalier de Saint-Louis, demeurant à Roanne, avec demoiselle Victoire-Claudine Hue de Grosbois, contenant donation des terres, fiefs et seigneuries de Saint-Vincent, la Motte, la Court, l'Haye et Boisset faite à la future épouse, leur nièce, par messire François-Marguerite-Joseph Courtin de Saint-Vincent, chevalier, et dame Victoire-Blandine Courtin, son épouse. (Archives de la Loire, B. 218.)

(2) D'après quelques fragments de notes, laissés par le marquis de Saint-Vincent, la construction du château n'était pas complètement achevée en 1779. Cette même année, François Courtin fit édifier sur la rivière de Rhins le pont de pierres situé sur le chemin qui met le château de Saint-Vincent en communication avec la route de Lyon. Ce pont a été reconstruit en 1824.

merveille l'ornementation du grand salon de Saint-Vincent, resté remarquable par la splendeur et le goût qui ont présidé à sa décoration.

Les premiers jours que J.-B. de Nompère de Champagny passa à Saint-Vincent furent heureux comme il le reconnait lui-même dans ses lettres intimes ; mais son rôle à la Constituante avait été trop important et son influence dans le pays était trop grande pour ne pas exciter l'envie et la haine des sans-culottes de l'époque révolutionnaire. Au reste, M. de Champagny ne se faisait aucune illusion sur le sort qui lui était réservé et, dès son retour à Saint-Vincent, il avait laissé pressentir son arrestation. Cependant cette appréhension ne l'empêchait pas de recueillir dans son château les personnes de sa famille que les lois de la Révolution avaient chassées hors du cloître. Parfois même, raconte un de ses enfants dans ses *souvenirs*, la messe était célébrée en cachette au château « pendant que Jean-Baptiste veillait à une porte extérieure, prêt à avertir si quelqu'un des sicaires d'Hérode fut venu chercher là l'Enfant de Bethléem. »

Cependant en octobre 1793, les armées de la Convention s'étant emparées de Lyon, le représentant du peuple, Javogues, en mission dans la Loire, dépêcha à Roanne le citoyen Lapalus, avec ordre de purger le pays des contre-révolutionnaires et des suspects. M. de Champagny fut alors arrêté, conduit à Roanne et emprisonné d'abord aux Ursulines, puis aux Minimes de cette ville.

Cette arrestation mit fin aux jours heureux des habitants du château de Saint-Vincent, mais n'abattit pas leur courage. Chaque jour, Madame de Champagny, accompagnée de sa fille Zoé, âgée de cinq ans, quittait Saint-Vincent et se rendait aux Minimes de Roanne voir le prisonnier ; avec les provisions de bouche nécessaires à son existence, elle lui apportait les nouvelles du jour et surtout le réconfort de sa présence (1).

(1) Voici un curieux et suggestif extrait du carnet des dépenses de Madame de Champagny.

« Etat de ce que mon mari a dépensé à Roanne en arrestation depuis le 16 brumaire an II jusqu'au 17 fructidor an III.

Frais de Garde	48 liv. 09
Marons	72 liv. 00
Aux Ursules	23 liv. 16
Frais d'établissement aux Minimes en floréal	11 liv. 10
Frais pour lui	17 liv. 05
Abonnement de journaux	112 liv. 06
Donné aux pauvres ou à différentes personnes	128 liv. 05
Pour un cavalier Jacobin	30 liv. 00
	441 liv. 51

Pendant la captivité de son mari, Madame de Champagny géra les affaires de sa maison, ce qui n'était pas chose facile à l'époque de la Terreur. Elle montra dans cette administration de l'adresse, de la fermeté et du caractère (1). On ne l'intimidait pas facilement. Un jour qu'elle suivait l'abbé de Saint-Vincent, elle aperçut deux mariniers qui coupaient du bois aux arbres de sa terre. Leur carmagnole et leur coiffure, un bonnet rouge piqué d'une cocarde, indiquaient que l'on avait affaire à des mariniers affiliés au club des Jacobins. Menue, petite et frêle, Madame de Champagny n'hésita pas : elle se dirigea vers les deux maraudeurs, leur demanda de quel droit ils se servaient ainsi sur ses terres et, ce disant, saisit la serpe dont l'un d'entre eux se servait pour couper le bois. Surpris et impressionnés par cette intervention à laquelle ils ne s'attendaient pas, les mariniers malgré leur audace bien connue et leur bagoût proverbial, se contentèrent de balbutier quelques mots, assurant qu'ils se retireraient si on leur rendait leur serpe. Leur demande fut aussitôt satisfaite, et ils s'éloignèrent par la grande route.

La réaction thermidorienne rendit la liberté à M. de Champagny et le Consulat le rappela à la vie politique. On sait que plus tard il fut un des collaborateurs estimés de Napoléon Ier qui lui confia successivement le ministère des Affaires Etrangères, l'ambassade de Vienne, et le ministère de l'Intérieur.

Dès lors, M. de Champagny et sa famille ne revirent Saint-Vincent qu'à de longs intervalles et pour quelques semaines seulement. On sait pourtant qu'il aimait cette résidence, qu'il appelait sa maison des champs où il trouvait le calme et le repos après les agitations de la Cour et les fatigues qu'elle impose. Il mourut le 3 juillet 1834, laissant la terre de Saint-Vincent à un de ses enfants qui la transmit à une de

---

(1) Madame de Champagny était une maîtresse de maison accomplie; elle pratiquait à merveille l'art « d'être avec le monde sans être à lui » ; ses lettres à ses enfants le montrent bien. Citons-en quelques exemples :

A une de ses filles, effrayée de la difficulté de diriger une grande maison, elle écrit : « ... une bonne femme, qui a envie de bien faire, qui aime son mari, qui aime ses devoirs, qui cherche à les remplir de son mieux et qui est aimable, ne peut jamais dire avec dégoût qu'elle n'est bonne à rien... »

A une autre de ses filles, elle écrit : « ...Le carnaval est un vrai temps de pénitence pour moi..... Dimanche, nous avons ici le bal ordinaire... Il me faudra aussi en donner un grand. Voilà, ma chère petite, le fardeau de plaisirs qui pèse sur ma tête... J'ai couru hier toute la matinée pour la toilette de ton papa. Il faut maintenant que tous les ministres et tout le monde paraissent à la cour en habit de soie... à présent, la toilette des hommes va donner autant d'occupation que celle des femmes... l'empereur s'en occupe comme il s'occupait auparavant de la nôtre... »

ses filles devenue la princesse Rospigliosi. Celle-ci conserva cette terre patrimoniale jusque vers 1878, date à laquelle elle la vendit à un négociant lyonnais, M. Chartron, administrateur de la banque de l'Union générale.

Lors de la déconfiture de cette banque, la terre de Saint-Vincent fut de nouveau mise en vente. Plusieurs domaines furent acquis par des particuliers. Le château, la ferme voisine et le moulin formèrent un lot spécial qui fut acheté en 1886 par M. Eugène du Sauzey, ancien notaire à Roanne, qui le fit restaurer et vint l'habiter ; il est aujourd'hui la propriété de sa veuve.

Le château de Saint-Vincent est encore une des belles résidences de la région roannaise. Les arbres qui l'entourent lui font en été une opulente ceinture de verdure en lui laissant toute sa valeur. En effet, du côté de la montagne, il est précédé d'une vaste cour d'honneur qui le met en pleine lumière et permet d'admirer la pureté de ses lignes, l'harmonie de ses proportions et la sobre élégance de sa décoration. Du côté de la vallée de Rhins, l'effet qu'il produit n'est pas moins heureux, car les deux terrasses successives qui descendent jusqu'à la rivière permettent d'admirer le développement de son perron et la beauté de sa construction. Tout dans cette ordonnance sent le dix-huitième siècle, le goût délicat, étudié, impeccable, fleur suprême qui ne pousse que dans l'ordre, le travail et la tradition.

AILLY

Ce nom aristocratique a déjà été plusieurs fois tracé par notre plume (1) ; si nous l'écrivons aujourd'hui, en titre, c'est pour ne pas priver la couronne de châteaux qui entoure le Coteau de son plus beau joyau. Cependant, pour ne pas répéter ce qui a été dit ailleurs, nous nous contenterons de retracer à grands traits l'histoire de cette terre, en mettant en relief quelques-uns des personnages qui l'ont habitée.

Depuis son érection en fief jusqu'à la Révolution, la terre d'Ailly ne fut vendue qu'une fois, en 1753, lorsqu'elle passa aux mains de la famille consulaire des Bourlier de Lyon. Pendant ce même laps de temps elle ne changea que trois fois de nom, ce qui signifie qu'elle fut possédée successivement par trois familles nobles dites de Sugny, d'Arcy et Bourlier d'Ailly.

La famille de Sugny qui tirait son nom d'une maison forte, située sur la paroisse de Nervieux en Forez, possédait Ailly comme héritière de la famille Loton de Pradines. A la fin du xve siècle, P. de Sugny rendait hommage pour la terre d'Ailly à Pierre Ier, duc de Bourbon. A cette époque, Ailly était une maison forte, avec cour intérieure, flanquée à ses angles de quatre grosses tours. De cette construction primitive il ne reste plus, croyons-nous, que la base d'une grosse tour qui, surélevée et couronnée d'un dôme, fait aujourd'hui partie de la chapelle du château.

A la fin du règne de François Ier, en 1539, la terre d'Ailly appartenait à Antoine de Sugny, qui avait épousé Anne de Montrodez. Celle-ci, devenue veuve, se remaria le 17 juin 1571, avec Guyot d'Arcy. C'est ainsi que le fief d'Ailly passa à la famille d'Arcy. Cette famille qui

(1) C. f. *Notes et documents sur Parigny*, Roanne, 1890. Monographie de Parigny dans notre volume *Roanne et ses environs*, publié par Trimoulinard, libraire, éditeur, Roanne, 1922.

possédait déjà les fiefs de la Varenne à Coutouvre et de la Farge à Combres, était réputée une des plus nobles du Beaujolais. Plus tard, afin que nul n'ignore sa noblesse, elle fera peindre sur les murs de la grande salle de son château de Bussière (1), les armoiries des hauts et puissants seigneurs avec lesquels elle avait contracté des alliances.

Guyot d'Arcy vivait à une époque troublée. En sa qualité de capitaine expérimenté, il prit une part active aux guerres de Religion et de la Ligue et reçut en 1590, une lettre d'Henri IV, le priant de continuer « ses services et affection au bien de ses affaires » et en 1591, une mission de Louis de Bourbon, sire de Beaujeu, le chargeant de veiller à la sûreté des habitants de Perreux.

Lorsque la paix eut été rétablie, Guyot d'Arcy vécut retiré dans ses terres, sans rappeler au roi Henri, comme bien d'autres, les services rendus jadis au Béarnais. Le seigneur d'Ailly estimait sans doute que l'indépendance des champs était préférable à la servitude de la cour. Montaigne, qui vivait de son temps, n'écrivait-il pas « Un gentilhomme français qui veut se tapir en son foyer et sait conduire sa maison sans querelle et procès, est aussi libre que le duc de Venise. »

Après G. d'Arcy, cinq générations (2) de cette noble maison possédèrent successivement la terre d'Ailly. Sous le règne de Louis XV, elle fut quelque temps en litige, puis mise en vente, et acquise en 1753 par deux frères d'une famille consulaire qui avait rendu illustre à Lyon le nom de Bourlier. Le fief d'Ailly comprenait alors les paroisses de Parigny, Commelle et Saint-Cyr de Favières ; ce qui explique pourquoi la généalogie des Bourlier d'Ailly mentionne des personnages portant les noms de ces localités comme titre de noblesse.

Les nouveaux propriétaires firent subir au château d'Ailly de grands changements qui achevèrent de lui enlever l'aspect moyennageux qu'il avait conservé jusqu'alors. Un vaste bâtiment fut édifié au devant de l'ancienne construction, dont l'intérieur fut entièrement remanié, et au dessus d'une porte latérale donnant accès dans l'intérieur de l'édifice, on plaça, au dessous d'un cimier, les armes de la nouvelle

---

(1) Bussière, paroisse de Boisset. La terre de Bussière était entrée dans la famille d'Arcy par le mariage de Jeanne de Bussière avec Guyot d'Arcy. C. f. Monographie de Boisset dans *Roanne et ses environs*.

(2) Ces cinq générations sont représentées par Guyot *alias* Guichard d'Arcy, Emmanuel, Jean Ier, Jean II, Roger d'Arcy et Elisabeth Ducreulx qui, le 15 novembre 1744, légua tous ses biens à sa sœur Elise Ducreulx. Les contestations qui s'élevèrent à la suite de ce legs entre l'héritière et les descendants naturels de Roger d'Arcy, amenèrent la mise en vente de la terre d'Ailly, qui fut alors acquise par les Bourlier.

maison d'Ailly : « d'argent au chevron de gueules accompagné en pointe d'un chien passant de sable ; au chef d'azur chargé d'un soleil d'or. »

Pierre-Philippe Bourlier d'Ailly (1702-1775) rendait hommage pour la terre d'Ailly le 7 août 1753. Il fit édifier dans l'église de Parigny une belle chapelle en l'honneur de Notre-Dame, ayant ménagé sous la chapelle un vaste caveau destiné à servir de sépulture aux membres de sa famille. Une inscription, conservée dans l'église de Parigny, rappelle que Marie-Joseph Bourlier, de Saint-Cyr, chevalier de Saint Louis et capitaine au régiment de Béarn, fut inhumé le premier dans le tombeau de sa maison le 13 octobre 1783.

La famille Bourlier, fort honorée à Lyon, en raison de son origine consulaire, fournit plusieurs victimes à la Révolution, notamment Léonard Bourlier d'Ailly, demeurant place de la Fédération (Bellecour), âgé de 60 ans, condamné par la Commission militaire de Lyon et fusillé le 23 novembre 1793.

La terre d'Ailly devint alors la propriété d'un frêle enfant mûri de bonne heure par le malheur et qui devait acquérir plus tard une certaine notoriété dans la science numismatique.

Pierre-Philippe Bourlier d'Ailly naquit le 14 avril 1794, à Vevey, en Suisse, où sa mère avait émigré. Rentré en France sous l'Empire, il se fixa à Ailly, épousa, le 26 avril 1820, Clémentine Puy de Rosny et, six mois après, fut créé baron héréditaire, avec majorat sur Ailly. Homme d'un esprit éclairé et d'un goût sûr, « le baron d'Ailly » s'adonna à la science numismatique et plus particulièrement à l'étude de la monnaie romaine depuis son origine jusqu'à la mort d'Auguste. Collectionneur avisé, il réunit 17.549 médailles de la république romaine or, argent et bronze qu'il légua à la Bibliothèque nationale (1). Il mourut à Nice le 16 avril 1877, laissant la terre d'Ailly à son fils Pierre, né le 24 avril 1823 et marié en 1847 à Isabelle Bellet de Tavernost. Le fils de ce dernier, nommé Jacques Bourlier d'Ailly (1858-1893), épousa en 1888 Thérèse de Chapelle de Jumilhac, propriétaire actuelle de la terre d'Ailly.

Le château d'Ailly se compose d'un vaste corps de logis, dont la façade principale regarde la vallée de Rhins. Sa magnificence consiste moins dans son ornementation, qui est fort sobre, que dans le grandiose de son ordonnance monumentale et dans la pureté des lignes. Lors de sa restauration, il y a cent ans, pendant le règne de Louis XVIII, le fronton triangulaire de la façade fut agrémenté d'un écusson aux armes des Puy de Rony.

---

(1) En reconnaissance de cette généreuse donation, l'administration remit au fils de M. d'Ailly deux vases de Sèvres portant une inscription commémorative de ce don et fit graver par Le Rat un beau portrait in-4° du testateur.

Auprès du bâtiment principal s'élèvent des tours amorties en coupole ; une de ces tours, séparée du corps de logis, fait partie de la chapelle. C'et édifice, orné avec un goût parfait, renferme un autel remarquable, orné de médaillons de bronze représentant les douze apôtres ; l'original serait, dit-on, l'autel majeur d'une des basiliques de Rome. Les vitraux, décorés des écussons des familles alliées aux d'Ailly, les de Montbellet, de Rony, etc., sont d'un ton amorti qui porte à la piété. Des plaques de marbre disposées sur les murailles, et au sommet desquelles sont gravés des textes de l'Ecriture, indiquent les membres de la famille d'Ailly dont les corps reposent dans la crypte ménagée au-dessous de la chapelle.

Le château d'Ailly est entouré d'un beau parc qui achève de faire de cette demeure une des résidences les plus agréables du Roannais.

Le Château de Bachelard.

Sur la rive droite de la Loire et à dix-huit cents mètres environ de la gare du Coteau, on aperçoit, cachée dans les grands arbres, une petite gentilhommière qui trahit dans son ensemble le déclin du règne de Louis XIV : c'est Bachelard (1).

Construit vers la fin du dix-septième siècle, le manoir de Bachelard se compose d'un corps de logis régulier, flanqué à ses angles de quatre tours carrées coiffées d'une toiture aiguë à quatre rampants. A cette époque il appartenait à Pierre Mathieu, avocat au bailliage de Roanne et chef d'une famille bourgeoise de cette ville qui avait fourni à son pays des hommes de loi et des commissionnaires par eau (2). C'est sans doute en souvenir de cette dernière profession, exercée par plusieurs représentants de sa maison, qu'un sieur de Bachelard fit édifier, dans son castel, un oratoire qu'il dédia à saint Nicolas, patron des mariniers. La petite chapelle Saint-Nicolas de Bachelard, désaffectée depuis longtemps, existe encore aujourd'hui, mais sa destination primitive n'est plus rappelée que par quelques traces de peinture, un bénitier et un vieux tableau enfumé représentant saint Nicolas, dont le culte était si populaire en Roannais.

Après Pierre Mathieu, Bachelard passa à son fils Claude, qualifié « avocat au parlement, conseiller du Roy, lieutenant général au bailliage de Roanne et lieutenant criminel ». Il avait épousé, le 10 juin 1693, Marie Courtin et mourut en 1716. A la suite de sa mort, le manoir de Bachelard et toutes ses dépendances furent mis en adjudication par M. Chataldier, procureur au duché de Roannais, et adjugé à Georges Dumont, marchand de Roanne.

On ne sait par suite de quelles manœuvres ou de quels artifices

---

(1) Le château était situé en Forez ; mais une assez grande étendue des terres qui en dépendaient se trouvaient en Beaujolais, parce que la route actuelle du port de Varenne à Commelle (ancienne voie Sayette), servait de limite entre les deux provinces. Cette particularité topographique explique pourquoi une partie du territoire de Varenne appartient encore à la commune de Roanne.

(2) La famille Mathieu portait pour armes : « D'azur au chevron d'or, accompagné de trois colombes d'argent. »

légaux, la terre de Bachelard ne tarda pas à retourner à la famille Mathieu ; car, peu de temps après, nous la trouvons en la possession de Jean-Baptiste de Nompère, qui avait épousé, le 22 janvier 1721, Claude-Marie Mathieu, fille de Noble Claude Mathieu « quand vivait sieur de Bachelard et lieutenant criminel au bailliage de Roanne. »

Au début de la Révolution, le château de Bachelard appartenait à Benoit-Marie Nompère de Champagny qui, le 6 avril 1791, le vendit à un habitant du pays. Celui-ci le conserva jusqu'en 1808, époque à laquelle il fut vendu à M. Verne « alors juge à la cour criminelle ». Le nouvel acquéreur de Bachelard avait rendu, dans des temps difficiles, d'éminents services à la ville de Roanne. Nommé maire (1) en novembre 1791, il s'était efforcé d'assurer à la ville la propriété du couvent des religieuses de sainte Elisabeth, puis celle de la maison des Capucins, où il installa la municipalité. Homme cultivé et désireux d'étendre à tous l'instruction et les connaissances utiles, il établit à Roanne des écoles gratuites pour les enfants des deux sexes (2). Son administration fut si appréciée qu'à l'expiration de son mandat, il fut réélu maire à l'unanimité; mais, pressentant le vote des lois révolutionnaires par la Convention, il refusa malgré l'insistance de ses collègues. Cependant, les qualités d'administrateur qu'il avait montrées dans des temps difficiles, le firent de nouveau appeler à la Mairie après la Terreur (3).

Au cours de cette seconde administration, A. Verne eut à résoudre de graves problèmes dont la solution intéressait non seulement la ville de Roanne, mais la France entière. Il s'agissait notamment du ravitaillement des armées de la République rendu difficile par la rigueur de l'hiver de 1795 et la disette qui s'en suivit (4). Dans les jours troublés que traversait alors le pays, il eut également l'occasion de montrer son autorité, son esprit de tolérance et sa fermeté. L'estime générale dont il jouissait, et l'ascendant qu'il avait acquis

(1) Le 16 novembre 1791, A. Verne « ancien procureur de la commune » fut élu maire de Roanne, en remplacement de M. Charles Populle « appelé à siéger au directoire du département ». Le nouveau procureur de la commune fut M. Morillon. Parmi les officiers municipaux se trouvait le citoyen Legoff, ex-minime.

(2) Dans un arrêté municipal du 20 septembre 1792, le Conseil invite les « administrations supérieures » à prendre la charge de l'instruction des enfants « du sexe », attendu que celle-ci était donnée dans cette ville par les ci-devant Ursulines qui ont été supprimées.

(3) Le 30 novembre 1794, en remplacement du citoyen Etienne Venin, qui avait rempli les fonctions de maire pendant la Terreur.

(4) Quelques mois auparavant, en décembre 1794 et janvier 1795, la municipalité avait éprouvé de graves difficultés pour assurer le ravitaillement des armées. Dans un procès-verbal du 29 décembre 1794, il est dit : La Loire est gelée dans toute sa largeur et il y a impossibilité « métaphisique » à se servir des bacs et des toues pour

sur ses concitoyens, lui permirent en effet de rappeler au devoir des mariniers révoltés, de rétablir l'exercice du culte dans l'église paroissiale (1) et de dissoudre la Société populaire (2), dont les membres entretenaient l'agitation dans la ville. Son rôle dans l'administration de sa ville natale, son action bienfaisante et l'influence qu'il exerça au Conseil des Cinq Cents dont il était membre, ont fait de A. Verne, une illustration roannaise de la période révolutionnaire. Chaque année il habitait de longs mois son manoir de Bachelard, et pendant la belle saison il aimait à réunir ses amis sous ses frais ombrages et à philosopher avec eux sur les graves événements auxquels ils avaient assisté. Jurisconsulte distingué, il s'intéressait à toutes les questions de droit que la réaction du code civil mettait à l'ordre du jour et qui passionnaient alors l'opinion. Il est, sans contredit, le personnage le plus important qui ait possédé Bachelard et il faut louer ses descendants d'avoir conservé comme une maison familiale le manoir de Bachelard où cet homme éminent avait passé les dernières années de sa vie.

Ce manoir de Bachelard a gardé sa physionomie ancienne et il a encore fort grand air, lorsque de loin on aperçoit, au milieu d'un épais massif de verdure, les pignons aigus de ses quatre tours carrées; mais de près cette grandeur s'évanouit en raison de l'exiguité de sa construction. Cependant, le logis central a conservé à l'intérieur une belle rampe en fer forgé qui semble appartenir au début du dix-huitième siècle.

---

traverser le fleuve. Les officiers municipaux envoyés sur les lieux ont alors eu l'idée de placer des planches sur la Loire dans toute sa largeur pour faire passer les bœufs ; mais la glace se rompit sous le poids du premier ; il fallut renoncer à cette opération. Il y avait aussi des moutons à faire passer, les prisonniers de guerre, requis à cet effet, en passèrent six cents en les portant à bras.

(1) En vertu de la loi du 11 prairial qui rend aux ministres du culte l'usage des édifices religieux non aliénés, les citoyens Louis Vignon « ci-devant curé de cette commune », Goutorbe, François Michelet, Ant. Forge, « vicaires en la même commune et prêtres assermentés, se sont présentés devant la municipalité et ont déclaré qu'ils entendaient exercer le ministère du culte catholique dans les églises de cette commune... »

Le conseil décide qu'une seule église suffira dans cette commune à l'exercice des cultes et qu'en attendant la mise en état de l'église paroissiale, les assemblées et cérémonies continueront à avoir lieu dans la ci-devant église des Minimes (17 prairial, an III, 6 juin 1795).

(2) C'est le 6 vendémiaire an IV (28 septembre 1795), que la municipalité prononça la dissolution de la société populaire, arrêtant « que la salle du Collège où ladite société tenait ses séances serait fermée et que les clefs ainsi que les archives et papiers seraient remis au secrétariat de la municipalité. »

Jadis un bief profond de la Loire passait au pied du château de Bachelard dont la silhouette se reflétait dans les eaux limpides du fleuve. Depuis trois quarts de siècle il n'en est plus ainsi ; la rectification du cours du fleuve en 1833, puis, en 1847, la construction de la digue, qui forme la rive droite ont rejeté la Loire à plusieurs centaines de mètres du château. Les documents de notre histoire locale gardent seuls désormais le souvenir du « réal » (béal) de Bachelard, le meilleur endroit pour la pêche des saumons, qui fût en la seigneurie de Monsieur le Maréchal de la Feuillade (1). De nombreux procès pour délits de pêche, nous apprennent qu'il y avait là, un « avaloir » ou goulet que l'on pouvait aisément fermer par un filet afin d'arrêter le poisson dont la capture devenait alors facile.

D'après un curieux document de 1776, le cours de la Loire, depuis le bec (confluent) du Sornin jusqu'au pont de Saint-Maurice, formait quatre lots de pêche. Le premier allait du confluent du Sornin au port de Pouilly, le second jusqu'au port d'Aiguilly, situé aux portes de Roanne ; le troisième « dans lequel se faisait surtout la grosse pêche », c'est-à-dire celle des saumons, aloses et lamproies, comprenait le cours du fleuve au-dessous de la ville jusqu'au barrage de Bachelard ; quant au quatrième, il commençait au barrage, pour se terminer au ruisseau de Confolent, sur le territoire de Saint-Maurice. Le même document constate que, dans le courant de l'année précédente, on avait pris dans le bief de Bachelard plus de 70 saumons.

On voit que cette pêche était alors plus fructueuse qu'aujourd'hui.

---

(1) Si l'on s'en réfère aux documents, la pêche du saumon était singulièrement fructueuse à Roanne. Dans les baux à ferme des biens des prieurés de Villeneuve-les-Perreux et Régny, il est dit que chaque année le fermier enverra à ses frais au prieur un saumon pris ou acheté à Roanne. Dans un « acte d'association entre Pierre Berry La Barre et Guy Brissat, pour le droit de pêche dans la Loire », passé le 15 janvier 1772, plusieurs articles font mention spéciale de la pêche au saumon. Citons les deux suivants :

« Seront tenus les sieurs La Barre et Brissat de porter journellement, chacun sur son livre de compte, la quantité de saumons qu'ils vendront ou feront vendre, tant à Roanne, Lyon, St-Etienne, qu'autres endroits, leur poids et le produit... »

« Lorsque les dits Brissat et La Barre voudront prendre des dites pêches, en leur particulier, quelques saumons pour faire des présents, ils seront tenus de les porter sur leur livre de recette au même prix qu'ils vaudront alors sur les lieux ; mais ceux qui seront destinés pour leur table, de part et d'autre, ne seront pas comptés ni portés aux recettes, s'en rapportant l'un et l'autre à leur probité. »

La pêche est affermée pour le prix de 400 livres, plus le saumon que Brissat doit envoyer chaque année, franc de port, à Paris, au seigneur de Roanne.

Le Pèlerinage de Vernay.

Le joli village de Vernay est à trois kilomètres du Coteau. Il faut, pour y parvenir, remonter la Loire en suivant le quai des Balmes, la route de Varennes et le chemin qui, de Bachelard, suit la Loire à une faible distance. Au reste, lorsqu'on a laissé à sa gauche la route de Commelles, on ne tarde pas à apercevoir devant soi la silhouette moyenageuse du village de Vernay, dont la petite église est mystérieusement blottie dans un angle d'une haute et massive forteresse féodale. La principale chapelle de cette église conserve une antique vierge noire en grande vénération dans le pays roannais et qui, chaque année, le 8 septembre, est le but d'un pèlerinage qui attire un grand nombre de pèlerins et de visiteurs.

La chapelle, avec sa vierge noire et le château féodal dont les hautes murailles encadrent l'église et dominent le village, sont les témoins du passé de Vernay dont nous allons essayer de faire revivre l histoire.

Chaque année, le 8 septembre, jour où l'Eglise célèbre la nativité de la vierge, un grand nombre de pèlerins accourent à Vernay. Ils arrivent de tous les points de la région roannaise et les routes sont encombrées par les véhicules de toutes sortes qui amènent les voyageurs jusqu'aux ruines du vieux château. Il y a moins d'un demi-siècle, la rue étroite qui gravit la côte conduisant à l'église était bordée d'infirmes et de mendiants accourus de tous les coins du pays ; parfois même, ils débordaient sur la petite place voisine de l'église et formaient une haie vivante jusqu'à la porte de la chapelle. C'était un singulier spectacle que de voir ces êtres humains étalant leurs plaies et leurs misères et criant leurs souffrances et leur pauvreté pour émouvoir la compassion des visiteurs. Aujourd'hui, infirmes, mendiants et loqueteux ont disparu et on ne voit plus ce jour-là aux abords de l'antique chapelle, que d'humbles marchandes d'objets de piété, voire même de bonbons et de gâteaux.

Dans la première moitié du siècle dernier le spectacle était plus pittoresque encore, car les mariniers roannais aimaient à se rendre à Vernay en « bachot ». Il arrivait souvent, lorsque la sécheresse sévissait, que le marinier remontant la barque à la « bourde » était obligé de se mettre à l'eau pour franchir un pas difficile. Lorsqu'on était arrivé au bas de la côte qui porte le village, on amarrait le bachot et tous les voyageurs se rendaient à la chapelle pour prier la vierge noire et solliciter ses faveurs. Alors, comme aujourd'hui, on lui offrait de modestes ex-votos accrochés à la muraille de la chapelle, et des cierges, symbole d'une prière ardente et confiante.

Le pèlerin fervent s'agenouillait ensuite à la table de communion et demandait aux prêtres, accourus dans ce but, de réciter en leur honneur et à leur intention le *Salve Regina*. Pendant que le prêtre invoquait Marie toute miséricordieuse et murmurait la plainte de l'exilé qui soupire après la patrie, il s'unissait aux pensées et aux sentiments de la prière liturgique.

De la chapelle de la vierge noire on se rendait dans les auberges du village, ou plutôt, si le temps était beau comme il arrivait fréquemment en cette saison, on cherchait un endroit frais et ombreux et on prenait comme en famille un modeste repas. A la nuit tombante on descendait la côte et on s'embarquait pour le retour. Tantôt les barques glissaient en silence et tantôt dans l'obscurité grandissante s'élevaient des voix pures et claires qui chantaient des hymnes et des cantiques en l'honneur de la vierge Marie, Etoile de la mer.

De nos jours on ne va plus à Vernay en bachot, la multiplicité des moyens de locomotion a supprimé cette manière de voyager si appréciée de nos ancêtres. Les pèlerins de la rive gauche de la Loire et des villages de la Côte n'ont même plus à recourir au passeur qui jadis, sur une vaste charrière, leur faisait franchir le fleuve au bas de Villerest. Depuis 1906, un pont de pierre qui s'harmonise fort bien avec le paysage réunit les deux rives du fleuve et facilite l'accès de l'antique chapelle.

La Révolution fit cesser les visites des fidèles. Toutefois, cela dura peu et, sous le Consulat, la statue miraculeuse extraite de l'amas de feuilles mortes dans lequel elle avait été cachée fut replacée avec honneur dans son ancienne chapelle. Un demi-siècle environ devait encore s'écouler avant que la chapelle ne fut dotée du beau retable de marbre qui l'encadre aujourd'hui.

Mais continuons à remonter le cours des âges.

Aux ex-votos de marbre avec inscription dont on décore maintenant les murs du modeste sanctuaire, nos pères préféraient des témoignages plus vivants et plus précis. Les favorisés de la Vierge noire, en particulier contemporains de Louis XIV, aimaient à orner les murs de sa chapelle de tableaux représentant la faveur dont ils avaient été l'objet. Plusieurs de ces tableaux existent encore et en dépit de l'épaisse couche de vernis dont ils ont été couverts, il est possible de reconnaître les faits qu'ils racontent. Le plus ancien porte la date de 1662, surmontée de l'inscription : *Ex-voto Ecclesiæ Vernensis* (ex-voto de l'église de Vernay). La peinture représente un prêtre à genoux, revêtu du surplis et de l'étole et priant avec ferveur la Vierge de Vernay reproduite sur le fond du tableau. Autant qu'on peut le présumer, à défaut de documents précis, le prêtre représenté est Messire Antoine Defonds, mentionné comme curé de Vernay dans la visite pastorale faite à cette église le 19 avril 1660, par Monseigneur Camille de Neufville, archevêque de Lyon. Le second, daté de « Lion » 1688, représente une petite fille précipitée dans l'espace pendant que, d'une fenêtre élevée, une femme tend des bras suppliants vers la Vierge de Vernay. Un autre, provenant de « La Clète » 1690, montre un infirme, un genou à terre, offrant ses béquilles à Marie. Un quatrième, daté de 1692 et provenant d'Auvergne, figure un malade étendu sur son grabat et suppliant la Vierge de Vernay de le guérir. Le cinquième qui provient de Chervé est décrit ailleurs (1) ; quant au sixième qui porte « Tarare » 1701, il représente un malade à la figure noire, couché dans son lit et regardant la Vierge de Vernay reproduite à l'angle du tableau. Ces tableaux, tous sans cadre, ont les mêmes dimensions et semblent inspirer, par une préoccupation, une pensée d'uniformité. Le curé de la seconde moitié du XVIIe siècle qui en prit l'initiative, se proposait certainement une décoration intérieure uniforme. Dans sa pensée son église serait un musée de peinture tapissé de tableaux qui chanteraient la gloire de Marie et la reconnaissance envers la Vierge de Vernay. On ne peut que regretter que les successeurs des sieurs Defonds et Poyet, prêtres, curés de Vernay, auteurs probables de ce projet, n'en aient pas poursuivi la réalisation. Une telle décoration ferait maintenant de l'humble sanctuaire de Vernay un musée merveilleux et unique en son genre, constitué de documents précieux pour l'histoire du culte de Marie en Roannais.

Toutefois les peintures n'étaient pas les seuls témoignages de la piété des fidèles des XVIIe et XVIIIe siècles envers Notre-Dame-de-Vernay. Les documents du temps les montrent venant visiter son sanctuaire soit en groupes, soit individuellement, et ces visites avaient lieu de préférence le samedi, jour consacré à Marie. Il serait trop long de cueillir dans les pièces d'archives citations et témoignages ; il est préférable, afin de les résumer tous, de citer ce qu'écrivait à ce sujet le plus ancien des chroniqueurs roannais, le bon chanoine Jean-Marie de la Mure, qui écrivait vers 1670 :

« Que ne devrais-je pas dire de cette église paroissiale de Nostre-Dame de Vernay en Roannois, où l'image de la Vierge, qui y est d'une couleur approchante de celle de Notre-Dame de Laval, semble aussi approcher de son antiquité, puisque entre les droits amphitéotiques qui sont deus d'ancienneté à cette église selon les plus vieux titres, il se trouve que la plupart sont des cierges payables chaque jour du samedy ou chaque premier samedy du mois, ou certain

(1) Cf. *Chervé*, page 139.

samedy de l'année, ce qui confirme cette ancienne et spéciale affectation que l'église a fait du jour du samedy à l'honneur de la Sainte-Vierge, et en même temps fait connaître combien sont anciens en ce lieu les hommages et les devoirs que cette reyne des cieux y exige des fidèles. »

L'autorité et l'importance d'un tel témoignage ne sauraient être contestées, car ces lignes émanent d'un contemporain de Louis XIV qualifié « historiographe du Roi » et parfaitement documenté sur le sujet particulier qui nous occupe, puisqu'il avait fréquenté dans sa jeunesse le pèlerinage de Notre-Dame de Vernay et que dans sa maturité il fut prébendier d'une prébende fondée dans l'église de Vernay et chargé d'en assurer le service.

Si nous remontons plus haut encore dans les siècles passés, nous constatons des manifestations plus solennelles et non moins nombreuses en l'honneur de la Vierge noire de Vernay. Les plus importantes étaient des processions qui amenaient aux pieds de Notre-Dame tous les habitants d'une paroisse. Ces processions avaient lieu les jours des rogations et pour certaines fêtes de la Vierge ; les fidèles se rendaient à Vernay au chant des litanies, des hymnes et des cantiques, assistaient à une messe chantée devant l'image miraculeuse, puis se répandaient dans le voisinage pour prendre dans les maisons voisines, ou à l'ombre des grands arbres, un frugal repas. Il est probable que les difficultés des temps et plus particulièrement les troubles des guerres de Religion et de la Ligue, amenèrent la suppression de ces manifestations paroissiales.

Cependant la piété de nos pères envers la Vierge de Vernay ne se bornait pas à ces processions. Les actes du temps et particulièrement les testaments enregistrés en la chancellerie de Forez, contiennent de nombreuses donations en sa faveur. Les unes ont pour but d'orner son autel d'étoffes précieuses ou de drap d'or ; les autres, de faire brûler devant la statue miraculeuse des torches ou des chandelles de cire ; d'autres enfin de faire réciter par les prêtres des prières pour le repos de l'âme des testateurs. Ces donations testamentaires sont pour la plupart des XIVe et XVe siècles.

Mais le monument le plus remarquable de ces temps lointains est sans contredit la statue de la Vierge noire.

Marie est représentée assise, tenant dans ses bras l'Enfant Jésus. Elle est vêtue d'une tunique aux plis nombreux et amples, serrée par une ceinture placée un peu haut, selon l'usage du temps. Elle est enveloppée d'un manteau dont les plis retombent gracieusement sur ses genoux. Sa tête est couverte d'un voile qui se divise en deux parties au milieu du front, pour retomber de chaque côté en encadrant le visage. La statue était autrefois couronnée, mais on a récemment scié les fleurons de la couronne. Son bras gauche soutient l'Enfant Jésus assis sur ses genoux. Il tient dans sa main un poisson dont l'extrémité repose sur l'avant-bras. L'artiste a voulu par cet emblème désigner le Fils de Dieu, — comme le faisaient les chrétiens des premiers siècles — chaque lettre du mot grec *Ictus*, mot qui veut dire poisson, étant l'initiale des principaux titres de l'Enfant-Dieu, Jésus-Christ, Fils de Dieu Sauveur.

La statue de la Vierge de Vernay appartient aux dernières années du XIIIe siècle ou aux premières du XIVe, date indiquée, dit M. J. Déchelette, non seulement par l'exécution des plis du manteau, mais avant tout par la justesse des proportions, la grâce et la souplesse de l'attitude, et l'expression tout à la fois grave et souriante du visage.

De plus, la disposition du manteau de la Vierge, dont le pan de droite est ramassé sur la hanche gauche, trahit le XIVe siècle : les artistes de cette époque ayant imaginé cette disposition pour tirer un heureux parti des plis de la draperie ainsi étalée. Enfin, l'âge de la statue est encore indiqué par sa position. En effet, la Vierge de Vernay est représentée assise, attitude empruntée aux Vierges romanes, encore adoptée au XIIIe siècle, mais extrêmement rare après le milieu du siècle suivant.

Cette statue est l'œuvre d'un artiste français, ce qui se reconnaît sans peine à l'harmonie des proportions, à la liberté de l'allure, au costume et à la souplesse des draperies. Cette œuvre est donc contemporaine des fils de saint Louis, et tout en elle révèle le travail d'un « imagier » français de grand talent (1).

Dans quelles circonstances cette statue fut-elle apportée à Vernay ? On ne peut formuler à ce sujet que des présomptions ; mais si l'on admet, comme on le croit communément, que les vierges noires furent apportées d'Orient et mises en honneur par les croisés, il est vraisemblable que notre statue fut donnée à l'église de Vernay par les Comtes de Forez. Ceux-ci en effet possédaient la châtellenie de Vernay et les documents constatent qu'ils dotèrent de vierges noires les églises de Feurs et Montbrison, villes qui furent successivement capitale du Forez. On sait aussi qu'ils donnèrent une statue semblable à Saint-Germain-Laval, chef-lieu d'une châtellenie forézienne où, à deux reprises, ils fixèrent provisoirement leur résidence pendant que la peste ravageait le pays (2).

L'histoire de la Vierge noire de Vernay et de son pèlerinage connue, passons à celle du château-féodal dont il reste encore une haute et massive muraille.

Les derniers documents qui font mention du château de Vernay se rapportent aux jours troublés de la Ligue ; ils mentionnent de nombreux crimes et délits commis par les soudards. C'est ainsi qu'au

---

(1) D'après une lettre de J. Déchelette au R. P. Detour.

(2) Dans son *Histoire des ducs de Bourbon et des Comtes de Forez*, La Mure écrit au sujet des vierges noires : « Cette même année (1255) fut mémorable au pays de Forez par le passage que fit le Roi saint Louis à son retour de son premier voyage de la Terre-Sainte. Car

mois de juillet 1594, la maison du nommé Jacques Vignand, laboureur, fut assaillie et mise au pillage par des soldats « de la troupe du capitaine Grillon ». Après le pillage, la maison du malheureux paysan fut livrée aux flammes et sa femme mourut des mauvais traitements qu'elle avait subis. La procédure judiciaire engagée plus tard à ce sujet insinue que quelques habitants du pays avaient renseigné les soldats et participé aux crimes. Les actes de justice du temps mentionnent plusieurs faits semblables et d'autres comme vols, larcins et pilleries, mais sans relater aucun fait de guerre important et sans qu'il soit possible de désigner le parti, ligueur ou royaliste, auquel appartenaient les criminels responsables.

Quelques années auparavant, au temps des guerres de religion, le château-fort de Vernay avait été occupé tour à tour par les catholiques et les protestants. Ce séjour des soldats dans la forteresse était une calamité pour le pays qu'ils pillaient et rançonnaient. Non seulement les soldats vivaient aux dépens des tenanciers et bourgeois du voisinage, mais, avant de s'éloigner, ils festoyaient à leur gré, volant tonneaux de vins et bestiaux et faisant amples provisions de bouche.

Entre temps, le pays était parcouru, tantôt par des bandes à la solde
pays. Antérieurement à 1453 et pendant toute la guerre de Cent Ans
de Guy de la Mure, tantôt par des détachements de catholiques et de
nemouristes. Les uns et les autres fouillaient les maisons des malheureux habitants pour leur voler les viandes salées, « menuses », et autres denrées qu'ils ont cachées avec soin « à cause des troubles ».

Entre 1453 et 1567, la tranquillité avait à peu près régné dans le
il n'en avait pas été de même. Nous en trouvons la preuve dans un acte du temps dans lequel le curé de Vernay se plaint que les habitants dérangent l'office divin parce qu'ils surviennent dans l'église pour chercher les hardes, effets et denrées renfermés dans leurs arches.

On sait en effet qu'à cette époque les habitants du voisinage se réfugiaient dans l'église et le château-fort lorsqu'apparaissait dans le pays une bande anglo-gasconne.

On se fait difficilement une idée de la terreur qui régnait alors dans nos villages foréziens. Aussitôt que l'incendie, des courriers ou des réfugiés annonçaient l'arrivée des bandes de Routiers, Ecorcheurs,

---

revenant de la ville du Puy où il avait passé pour rendre grâce à la Très Sainte Vierge de son heureux retour, sur la fin du mois de juin de ladite année 1255, il honora le Forez de sa présence au mois de juillet de la même année. Et ce fut en ce passage qu'on croit que ce saint Roi laissa au pays de Forez plusieurs images de Notre-Dame, faites et taillées en un bois de couleur noire, qu'il avait apportées du Levant et surtout celle qui y est tant révérée sous le nom de Notre-Dame de Laval. »

Tard-Venus et autres, les paysans chargés de ce qu'ils avaient de plus précieux et chassant devant eux leurs bestiaux, se réfugiaient dans la forteresse. Là, enfermés dans des salles basses, ils ne tardaient pas à être victimes de maladies contagieuses qui emportaient en quelques heures les moins résistants et affligeaient les autres de maux étranges et douloureux.

A cette époque lointaine, Vernay était le siège d'une châtellenie forézienne et un prévôt commandait la place au nom du seigneur qui était le comte de Forez. La présence de l'officier du comte qui levait les impôts, rendait la justice et commandait les hommes d'armes était un gage de sécurité pour Vernay et les localités voisines. Malheureusement le voisinage de l'importante châtellenie de Saint-Maurice ne tarda pas à faire supprimer la prévôté de Vernay.

Au fur et à mesure que l'on remonte les siècles, les documents deviennent plus rares et ne permettent pas de discerner les faits se rapportant à une aussi modeste paroisse. Pourtant, les vestiges de tuiles à rebord et de poteries trouvés çà et là sur le territoire de Vernay prouvent que cette localité était déjà habitée à l'époque gallo-romaine.

Malgré son peu d'importance le village de Vernay est encore aujourd'hui un des plus intéressants de nos environs. Nous avons décrit sa vierge noire ; nous n'y reviendrons pas, mais il y a quelque intérêt à jeter un coup d'œil sur les ruines de son château-fort dont l'étude trahit nettement les deux époques de notre histoire pendant lesquelles il joua un rôle militaire. De l'époque de la guerre de Cent Ans il ne reste plus aujourd'hui que la haute et massive construction carrée et quelques excavations permettant de dessiner assez exactement le pourtour du fossé qui la défendait jadis. Les guerres de Religion et de la Ligue ajoutèrent à cette forteresse les murs d'enceinte du cimetière et un mur de soutènement à demi-éboulé protégeant l'ensemble des constructions du côté de la Loire. Au delà du fossé et du mur d'enceinte se pressaient les maisons du village qui semblaient demander aide et protection. Les détails distinctifs des deux périodes actives du château féodal de Vernay n'apparaissent plus aujourd'hui qu'aux yeux avertis de l'archéologue et du touriste ; il n'en est pas de même de sa vierge noire qui continue à attirer chaque année un grand nombre de pèlerins et à donner au village de Vernay vie et prospérité.

TABLE DES MATIÈRES

IMP. SOUCHIER, RUE DE SULLY, ROANNE

www.ingramcontent.com/pod-product-compliance
Ingram Content Group UK Ltd.
Pitfield, Milton Keynes, MK11 3LW, UK
UKHW021147260726
13994UKWH00001B/332